非遗之美

山东省非物质文化遗产赏析③

主编 王传东

专家委员会

顾问 潘鲁生

主任 董占军

委员（以姓氏笔画为序）

王传东　任仲全　吴焕文　张从军

赵　屹　徐思民　唐家路

编委会

主　编 王传东

副主编 吴焕文　任仲全

编　委（以姓氏笔画为序）

石龙潭　伏倩倩　羊苊新　李　霞

来欣宇　陈　静　骆淑丽　路　鹏

前言

　　非物质文化遗产（以下简称"非遗"）是人民世代相承、与人民生活密切相关的各种传统文化表现形式和文化空间。我国非遗是中华文明的瑰宝，是文化多样性和文化创造力的体现。它延续着我们的文化脉络，承载着历史的记忆。

　　中国是一个历史悠久的文明古国，有着丰富宝贵的非遗资源。自2005年以来，国家加强了对非遗的保护，逐步形成了较为完善的非遗保护政策，建立了从中央到地方的分级保护制度。

　　随着经济全球化和现代化进程的加快，我国文化生态环境发生了巨大变化，非遗受到强烈冲击——许多依靠口传心授的文化遗产正在消失，许多精湛的传统技艺濒临失传，许多极为珍贵的实物与资料丢失或遭到严重破坏，非遗保护与传承的工作面临着许多亟待解决的问题。加强对非遗的保护，不仅是国家和民族发展的需要，也是国际社会文明对话和人类社会可持续发展的必然要求。

　　山东是中华文明的重要发祥地之一，始祖文化、东夷文化、齐鲁文化源远流长，孕育出丰富多彩、异彩纷呈的非物质文化遗产。在中共山东省委、省政府的高度重视和正确领导下，在社会各界的大力支持下，在全省非遗保护工作者们的不懈努力下，我省非遗保护工作取得了显著成效。

　　2016年，文化部、教育部正式启动中国非物质文化遗产传承人群研修研习培训计划。受文化部委托，在山东省文化厅的指导下，山东工艺美术学院相继承办了木版年画、剪纸艺术、陶瓷烧制、葫芦技艺、核雕、木雕、内画、织绣等培训班，为弘扬中华优秀传统文化，推进非物质文化遗产的传承，特别是推动非遗进校园和非遗研培教学作出了重大贡献。笔者本人和编委们担任了山东工艺美术学院"中国非物质文化遗产传承人群研修研习培训计划"试点培训的组织工作，并在工作当中实地走访了许多非遗传承人。这些传承人有九旬的老人，有年富力强的中年人，也有朝气蓬勃的年轻人。在走访过程中，我们参观了他们工作、生活的环境，聆听了他们的传承故事，现场记录了他们的技艺操作，用视频、图片、文字等手段将这些技艺完整地记录保存了下来，掌握了大量第一手资料，并出版了《中国"非遗"传承人口述技艺丛书》。该丛书入选"2018 年度影响力图书推荐·第二季"好书榜。

出版本丛书的目的就是希望通过对山东非遗项目中传统美术、传统手工技艺进行多方位的介绍，来展示我省非遗保护成果，让读者了解山东丰富多彩的非遗文化。本系列丛书所介绍的 90 多项非遗项目，多数为山东省具有代表性的非遗项目，通过它们，我们可以了解到齐鲁大地的民风民俗。本丛书内容丰富、图文并茂。图片中有国家级非遗传承人的代表作品，也有优秀学员的佳作，是读者了解齐鲁文化，了解山东传统美术、传统手工艺的良好读本。

山东各地文化部门和非遗传承人在本书的编写过程中积极配合，提供了大量第一手资料和帮助，在此一并表示感谢！

王传东

2020 年 10 月

目录

鄄城刘家泥塑

任仲全　仝令新

　　中国泥塑艺术有着悠久的历史。早在距今四千至一万年前的新石器时期，泥塑艺术就已经存在。此后，中国泥塑艺术一直没有间断发展，到了汉代，已经成为较为重要的艺术品种，像秦始皇陵兵马俑就是我国非常重要的泥塑艺术品。两汉后，随着佛教艺术自西方传入，泥塑艺术品也开始用于寺庙、神像等，这也是泥塑艺术得以发展和传承的关键。到了唐代，泥塑艺术达到了顶峰。宋代时期的泥塑艺术在继续繁荣其宗教题材的大型佛像的基础上，还兴起了一种小型泥塑玩具。元代之后，历经明、清、民国，泥塑艺术品在社会上仍然流传不衰，也有很多流传至今，较为有名的有天津的"泥人张"和惠山的彩陶，山东鄄城刘家泥塑也有自己的独特之处，在泥塑艺术的殿堂中占据一席之地。

《汉宫遗韵》 刘昌伟

鄄城刘家泥塑起源于清末，其作品广泛用于民间庙宇、殿堂。创始人为刘云峰，后传给其子刘超中、刘超庸，后又继续发扬，传给刘文修、刘文珍，后又由刘文修之子刘同贞继承，在刘同贞二子，即第五代传人刘昌伟手中发扬光大，申遗成功。

刘昌伟于 1977 年出生于山东省菏泽市鄄城县的临濮镇大刘屯村，是刘家泥塑的第五代传人，菏泽市市级非物质文化遗产代表传承人，北京市手工协会会员，菏泽市民间艺术家协会理事。刘昌伟自幼秉承家学，师从其祖父刘文修、父亲刘同贞学习传统的泥塑制作，掌握了刘家泥塑制作的程序和技法，很好地继承了刘家泥塑这项传统手工技艺，并保留了刘家泥塑制作精细、生动传神的艺术手法，同时广泛深入学习各种雕塑技术，融会贯通，最终形成自己独特的泥塑手法。他擅长创作传统的佛教、道教人物以及神像和历史人物，他的泥塑技

《鲸落》 刘昌伟

《盲说唱艺人》 刘昌伟

艺精湛，对人物的面部肌肉和表情刻画都精致入微，眼神灵活生动，甚至连皮肤上的血管和肌肉都清晰可见。他刻画的人物表情非常丰富，身体结构逼真合理，造型精准，既有夸张、浪漫的写意，又有细致入微的写实，很好地继承并发扬了刘家泥塑的传统手艺和艺术精华，又对传统泥塑技艺作出了创新和发展。其作品以古装人物为主，传神写实，栩栩如生，在鄄城刘家泥塑被评为菏泽市非物质文化遗产后，刘昌伟以泥塑的传承和发扬为己任，相继在曲阜师范大学、山东艺术学院、山东工艺美术学院等专业大学学习深造，系统学习现代雕塑技法和理念，形成了自己写实和夸张相结合的艺术风貌。2009年，他创立了泥塑工作室，在深度挖掘传统技艺的同时，注重收集老辈的艺人泥塑作品，并进行整理研究，而且他很注重新人培养，希望把鄄城泥塑传播给更多的人。在弘扬传统泥塑的基础上，刘昌伟多次到景德镇、淄博等地学习交流，在推广、宣传刘家泥塑的同时还结识了众多雕塑高手，并多次参加文化艺术交流，在2015年参加的由教育部举办的陶艺大赛中，他的作品《妈妈的味道》获得了一等奖。鄄城刘家泥塑正在第五代传人刘昌伟的带领下走向复兴，焕发出新的生机。刘昌伟的艺术成就被山东卫视、齐鲁晚报、菏泽电视台、菏泽日报等多家媒体报道，其泥塑制作视频在网上点击过万，泥塑作品更是被山东艺术学院、山东工艺美术学院、曲阜师范大学等多家高等院校

《拈花一笑》 刘昌伟

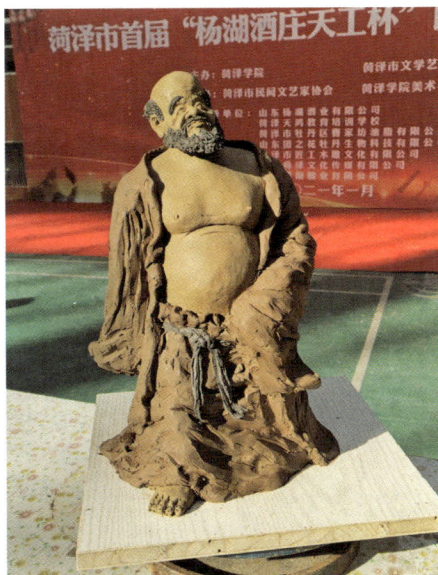

《写意仙人》 刘昌伟

艺术机构收藏。

　　泥塑艺术是汉族民间艺术的一种，鄄城刘家泥塑艺术更是对汉族民间艺术的一种别样的继承。刘家泥塑艺人用纯天然的材料，制作出精美绝伦的工艺品，博得了广大群众的喜爱。自明清以后，民间泥塑艺术得到了很多普通老百姓的认可和青睐，现在的它早已走出国门，远涉重洋，为越来越多的国家和人民所接受和喜爱，成了中外文化交流的使者。虽然泥塑艺术并无科技含量，但它确实为人们的日常生活增加了新的亮点。它的朴实、直观和真实让人们感觉到与它"零距离"。当然泥塑作品还具有很大的收藏价值，因为每件泥塑作品都是泥塑艺人自己手工制作的孤品，是世界上独一无二的，鲜有复制、盗版等侵权现象的发生。泥塑不同于国画、油画、剪纸等其他艺术表现形式，因为泥塑艺术具有更为强烈的视觉冲击效果，且比其他艺术形式更能贴近人们的生活。在高科技迅猛发展的今

《曹植夜读》 刘昌伟

天，越来越多的人向往返璞归真，这也是今人追求时尚、个性的一种体现，而刘家泥塑的传承和发扬更是对优秀传统文化的一种继承与发扬。

《守望家园》 刘昌伟

薛家窑泥陶烧制技艺

路 鹏

　　浔河水边的薛家窑村位于临沂与日照交界的区域，隶属于临沂市大店镇。临沂和日照都是龙山文化的重要分布地区，特别是日照两城遗址出土的黑陶更是山东龙山文化的典型代表之一。在这片土地上燃起的窑火历经数千年从未断绝过。薛家窑古窑址出土了大汶口文化时期的泥质黑陶觚形杯以及龙山文化的夹砂黑陶鼎等陶器。这些新石器时代的大量陶器也证明了这里悠久的陶器烧制历史。关于薛家窑村有确切历史记载的陶器烧制始于宋金时期，当时薛家窑村被称为营子官庄，其后明洪武年间有薛氏族人迁于此地制陶，遂改称薛家窑村。俗话说"靠山吃山靠水吃水"，薛家窑村的人们就依靠当地良好的泥土，加之口口相传的制陶技艺，世世代

近代薛家窑双系陶罐

黑陶净水器

以制陶为生。2016 年，薛家窑泥陶入选第四批山东省省级非物质文化遗产名录，这也掀起了薛家窑泥陶烧制技艺保护与传承的新篇章。

薛家窑村在陶器烧制方面有着其天然的优势，薛家窑村的泥土黏性良好，当地人即使是在今天也是就地取土进行陶器制作。据说其土层由亿万年前的红页岩经风化沉积而成，红页岩是黏土岩，其黏土中富含高岭石、水白云母、蒙脱石等矿物成分，因此其泥土结构密度高、可塑性强。鲁东南革命烈士陵园中的群雕塑像所用泥土也取自薛家窑村。良好的泥土材料是先民们选择在薛家窑村制陶的重要原因。

薛家窑的泥陶与龙山文化中以"薄、黑、亮、硬"为典型特征的蛋壳黑陶还是有所不同的。如果说蛋壳黑陶是为贵族阶层而造，那么薛家窑泥陶则是地地道道的民间日用陶器。薛家

花盆

水缸

窑泥陶既没有往昔以蛋壳黑陶为代表的龙山文化黑陶那么薄，也没有今时以现代装饰黑陶为主的山东黑陶那么黑，但它又与岳石文化中灰陶的灰有着明显的差异。或许可以将它看作是一种自然而然的黑，而非人为刻意追求的黑，这是由它的乡土性和实用性所决定的。

现代人已经习惯了在生活中使用各种塑料制品或者金属制品，但在现代工业体系尚未成熟建立之前，普通百姓在日常生活中所用器具多以陶瓷器为主，农村地区的普通百姓则基本以陶器作为主要生活器具。庄户人家讲究实惠，用泥土烧制的陶器比其他材料制作的器具要便宜得多，这形成了一种良好的供求关系。如今，薛家窑泥陶制品种类的丰富程度已经超出了好多人的想象，除了常见的缸、瓮、罐、盆、倒壶、碗、杯、瓢，还有很多富有功能性的产品，诸如花洒、筷笼、篦子、算盘、蒜臼、药碾、铃铛、手炉、香炉、烛台、绣球玩具等。总体上可以将薛家窑的陶制产品归纳为 8 大类：1. 缸类；2. 罐类；3. 盆类；4. 茶具类；5. 花器类；6. 玩具类；7. 用具类；8. 建材类。薛家泥窑陶制品虽然在 20 世纪 80 年代后受到现代工业制品的冲击，但依然有一部分产品保留到了现在，有一部分甚至成了当地的特色产品，是重要的创收来源，比如花器和建材这两类产品。现如今村里仍然从事陶器制作的家庭作坊主要是生产花器，因为只需要夫妻二人便可以完成所有工作，一人拉坯，一人打下手，一天可以加工几百个花盆，天气好的时候做上数天时间，待阴干后便可以进窑烧制。如今该村从事加工生产的家庭大约还有十几户，村民通过当地外贸部门承接国外订单进行加工生产，生产的花器除一部分内销外，其他大部分均销往海外。2004 年雅典奥组委也曾经向薛家窑村定制过一批花器，足以证明该地花器产业早已声名在外。当地规模较大的生产单位

雅典奥组委定制的花盆

是莒南县德君陶艺厂，也是薛家窑泥陶烧制技艺的省级非遗生产性保护单位，该陶艺厂现在以生产仿古建材为主。

作为人们生活中不可或缺的部分，陶器见证了普通百姓的喜怒哀乐。比如，过去当地人家结婚的嫁妆不可或缺的便是喜盆和喜缸，喜盆倒扣在喜缸之上，在喜盆的底部雕刻着荷花图案，寓意"百年好合"；喜缸则是用来存放粮食的，期盼婚后生活廪实。在生活常用器具的表面也多有装饰图案，承载了人们对生活的吉祥期许和美好向往。

现如今薛家窑村里烧窑以电窑和气窑为主，基本上以冶陶为业的家庭或作坊都建有窑炉，专业化生产村在生产模式上大都是以家庭或作坊模式开展的，这是改革开放后在农业领域实行家庭联产承包责任制向手工业加工领域的延伸和发展，在带动乡村振兴和共同富裕方面曾经发挥了巨大的作用。薛家窑村里还散落着两处破败老窑，过去烧窑前都要燃放鞭炮的习俗在今天也不再延续，时代改变了人们的生活，也改变了许多传统。

　　薛家窑村在近千年的发展中一直延续着制陶烧窑的历史，其间不乏能工巧匠创新和发展了当地的陶器产品形式和种类，更重要的是，当地人在制陶烧窑中发展了与时俱进的精神。在许多以制陶为业的专业村逐渐没落或退出的情况下，薛家窑村仍然能够将制陶作为村民收入的一个重要来源，从非物质文化遗产活态传承和保护的角度而言是具有重要意义的。比如曾经在 20 世纪 90 年代大获成功的黑陶净水器就是在新的形势下不断创新求变适应市场的产物。从产品研发和制造的角度来说，以传统技艺为生的人能够将传统与现代进行如此巧妙的结合实属不易，甚至可以说是一项伟大的创造，不过由于价格昂贵等因素，在缺乏政府采购作为重要支撑以后，这款产品也非常遗憾地逐渐被淘汰。市场是无情的，一切不符合经济规律的产品终将面临退出。今天的薛家窑虽然取得了一定成功，但也面临着许多挑战和危机，希望薛家窑人能够继续在求新求变的发展精神中获得新的机遇和成功。

茶具套装

陶铃

剪纸·莒县过门笺 路　鹏

在中国人的传统节日里，春节无疑是最重要的节日，春节期间人们都会遵循相应的节日民俗规范活动。在众多春节习俗中，贴春联、贴福字在今天依然是非常普遍的做法，即通过张贴书写于红纸上的文字来寄托人们对新的一年的美好期盼。在山东的日照、临沂等地区还有着春节期间贴过门笺的传统习俗，与贴春联、贴福字、贴年画等活动一同构成了春节祈福的常规民俗活动。现如今，居住于城市区域的大多数人家逢年过节时已经不再张贴过门笺，一般只有乡村还保留着这样的习俗。人们从过去独门独院的平房搬到了鳞次栉比的楼房，改变的不仅是居住环境，还有许多世代相传的生活习俗。

莒县西南隅有朝元宫一座，自明朝时便已有之，在康熙十三年重修朝元宫时曾发现壁画，画有张贴过门笺的民舍，遗憾的是此建筑现已无存。莒县过门笺是莒县剪纸艺术的重要形式，2007年入选第一批山东省省级非物质文化遗产名录，2008年入选国家级非物质文化遗产名录，2009年被列入联合国教科文组织认定的"人类非物质文化遗产代表作名录"。过门笺的产生没有确切清晰的史料可供追溯，但从文人墨客流传于世的文章里却可以一窥端倪。隋朝记录礼仪及社会风俗的著作《玉烛宝典》中写道："立春多在此月之初，俗间悉剪彩为燕子，置之檐楹"，而另一部南北朝时期的《荆楚岁时记》则写道："立春之日，悉剪彩为燕戴之，帖'宜春'二字"，记录了岁时活动剪彩习俗的另一种形式。类似活动或许正是过门笺习俗的滥觞，又或是各地相似岁时习俗的不同表达方式。

莒县过门笺

《福禄寿喜财祥》 于鸿运

《龙凤呈祥》 史龙江

　　莒县曾经制作过门笺的专业村首推大柏林村，其村里几乎家家户户都会制作过门笺，村民们还会将做好的过门笺拿到周边县市去贩卖，甚至有人会带到遥远的东北销售给迁居那里的山东人。每年年底，许多外地人也会专门赶到大柏林村批发收购过门笺。作为剪纸技艺的一种，手工制作的过门笺虽然给面朝黄土背朝天的农家人带来了额外的收入，但却不能够创造巨大的财富，特别是城乡一体化以及现代印刷技术的介入，原来世代相传的过门笺已经鲜有人去传承和制作了。2004年前后，有人开始使用现代印刷设备印制过门笺，自此手工制作的过门笺逐渐被机器批量生产的过门笺所取代。如今，大柏林村尚在制作过门笺的人已经所剩无几，作为山东省省级非遗代表性传承人的史龙江是大柏林村为数不多尚在坚持传承的老艺人。他对年轻时还红火的过门笺市场记忆犹新，特别是提起自己当年不拘一格创作的过门笺时，更是神采飞扬，每逢集市都会被人们抢购的情景还历历在目，眼神中泛起的失落却在诉说着一段难以割舍的情愫和历史。过去村里的孩童放学后也以制作过门笺为娱乐活动，既学习传承了制作技艺，也为家里作出了一份贡献，只是时易世移，这种场景已经成为过去式。

与莒县毗邻的临沂虽然也有张贴过门笺的习俗，但两地在制作和使用上却多有不同。比如临沂的过门笺多为五张一门，分为红、绿、黄、粉、紫，且多有套色这种样式，俗称"换膛子"。莒县过门笺是以六张为一门，且有着较严格的张贴顺序，即头红、二绿、三黄、四粉、五紫、六蓝，有时还会有黑白二色，一般为家中有长者亡故时去掉红绿二色，而代之以黑白。其他地区也有只用一种颜色的贴法，即单一的红色过门笺。莒县过门笺一套六张的图案通常不会重复，根据主题不同会有不同的变化，匠人们的心灵手巧在此时被充分地展现出来，各种图案形象被巧妙地协调在纸面之上。过门笺的尺寸也没有一定

入户门的过门笺贴法

灶台的过门笺贴法

模板

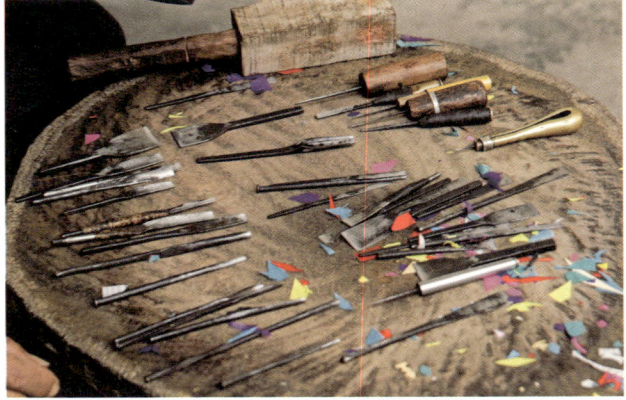
工具

槌刻

镂空

裁边

成品

之规，通常视门户的大小而定，长度一般是宽度的两倍，用于大门外的过门笺尺寸就大一些，用于屋门外的就小一些。过门笺的构图形式较为灵活，上面的图案区域为主体，下面的图案区域为穗头。主体部分的图案根据需要会设计为几种不同的构成形式，如主体式、上下框组合式、主框边框式等，其内刻有以动物为主的形象，如羊、鹿、鹤、鱼等，或刻有"招财进宝""年年有余""五谷丰登"等文字，有时在主体图案周边再饰以万字纹、鱼鳞纹、麦穗纹等图形，使过门笺的图案形式丰富生动。

过门笺的制作需要依据模具图纸进行加工，配合匠人们自制的各种形状、尺寸的工具进行镂空刻制，两者结合起来的作用颇类似于现代印刷工艺中的刀版模具。一般匠人使用的工具有十几把刻刀，而老匠人的工具则多达几十把。匠人们的工具多是自制的，随着匠人经验的丰富和刻制图案的复杂，工具也就越来越丰富。过门笺的模具被当地人称作"样子"，过去是把两张宣纸用面糊粘贴起来，后来将牛皮纸粘贴起来使用，现在多用厚一点的卡纸，一人设计的样子可以一次性复刻出多张，这样其他人也能依据这个样子去加工生产。过门笺的制作工序大致可以分为如下步骤：1.裁纸，根据尺寸需要分别裁出六色纸张；2.放样子，将样子置于彩纸的最上面作为刻制的模板；3.固定，对模具和纸张进行打眼，然后将特意加工的纸捻穿过对版面进行固定；4.砸刻，用木槌敲击刻刀进行镂空，曲线部分用带弧度的刻刀，直线的部分用直刀；5.镂空，用尖一些的刻刀将镂空部分刻制出来。

枣庄泥塑 路　鹏

　　天地开辟，未有人民，女娲抟黄土以造人，揭开了华夏民族恢宏历史的篇章。上古时期女娲造人的传说从侧面叙说了泥塑技艺的悠远历史。泥塑的材料虽然唾手可得，但是人们却赋予了泥塑以神秘的色彩，也寄托了许多美好的意愿和向往。从人类在孩童时期就喜欢玩泥巴的普遍现象来看，泥塑应当是最早产生的艺术形式之一。因为从艺术起源于游戏说来看，玩泥巴是符合人类天性的游戏之一，只是没经过烧制加工的泥塑通常是无法长期保存的。所以，现如今很难发现史前时期的泥塑作品留存，其多以陶塑的形式被发现，如新石器时期裴李岗文化的猪首、羊首作品，虽然造型粗糙，却栩栩如生，来自手作的亲切感油然而生。

　　山东泥塑品类比较丰富，如惠民泥塑、小郭泥

《华佗》 刘进潮

塑、高密泥塑、聊城泥塑、莘县泥塑等，这些泥塑技艺也都有着较长的传承历史，从明代时就已经陆续开始出现并发展。山东人的性格素来直爽、粗放，山东泥塑也多具有类似的艺术特征，因为艺术首先是人性的流露，其次才是技术等因素的作用。山东泥塑不拘小节而求生动，其制作群体通常以农民为主，作为农闲时候贴补家用的一门手艺，因为其易于学习和制作，常出现一个村都制作同类型泥塑的现象。山东泥塑从用途来看其多以玩赏为主，也有祈福或祭祀等功能。过去的人们通过这些产品满足孩子或成人的不同需求，如较简单的泥哨被手艺人捏成各种造型，再绘以几笔色彩便变得生动起来，低廉的价格也使其成为孩子们容易获得的玩具。以上提及的泥塑多体积不大，便于制作和携带，且多以赏玩为主。除此之外，还有用于庙堂等场所的大型泥塑。始建于东晋的长清灵岩寺内曾经有 500 尊泥塑造像，现仅存 40 尊，其艺术和历史价值不亚于出土自青州龙兴寺的隋代石造像。这些泥塑造像有 32 尊成形于宋代，其余 8 尊补塑于明代，造像写实生动，惟妙惟肖，各具性格与神态，通过其衣饰造型也可一窥当时释门子弟的衣着概况。其造物者于今虽不可考，但他们一定是颇具艺术功力和塑形技艺的泥塑工匠。艺术名家刘海粟就曾题字"灵岩名塑，天下第一，有血有肉，活灵活现"。纵观历史中的山东泥塑，其写形写意皆有独到之处，能工巧匠却都默默无闻，唯仅存的泥塑作品展现着其妙美的生命灵感和艺术精神。在山东的枣庄还余有一支泥塑项目传承，其专攻庙堂泥塑，迄今已逾百年。枣庄泥塑主要塑造大型寺庙、道观、祠堂、博物展馆等民俗、宗教、信仰彩塑，在 2020 年经过发掘，入选山东省第五批省级非物质文化遗产代表性项目名录。

枣庄泥塑的传承群体主要是刘氏族人，根据《古滕刘氏族谱》和碑文记载，薄板村刘氏家族是汉高祖刘邦后裔。洪武二年（1369 年），邦公 53 世孙刘元从山西洪洞县贾村西侧大槐树下，跋涉千里入鲁，定居在滕州市大坞镇大刘庄村，建立刘氏家祠，立堂号——崇善堂。刘元为崇善堂一世始祖，九世始祖涵清于清朝顺治五年（1648 年）由大刘庄迁至薄板村。清道光年间刘氏族人刘崇珩拜洪洞县泥塑艺人陆良为师，自此成为枣庄泥塑第一代开创者。从其传承关系上看，枣庄泥塑最初是源自山西，洪洞县也有着洪洞泥塑的传承，其主要是以寺庙造像为主。洪洞县内有始建于东汉时期的广胜寺，寺内泥塑造像是不可多得的艺术珍品，由此可见枣庄泥塑从创立之初便习得了成熟的造像工艺与技巧，其后刘氏族人几代人依靠泥塑本领创建了较为丰厚的家业，兴盛时期，全村刘氏族人有 30 多人从事这项手艺，有的专塑像，有的专画彩，有的专销售，有的专陶具，有的被外乡请去做师父，其技艺及成品影响辐射整个鲁

《月老》 刘进潮

《关公》 刘进潮

《自在观音》 刘进潮

《杨家将》 刘进潮

南和苏北等地区。据一些资料记载，过去的枣庄一带几乎每个村都有寺庙，这些寺庙内的泥塑造像应多为刘氏族人所制，比如作为枣庄少数仅存的宗教古刹雪山灵芝寺遗留的石碑中，就有刘氏族人刘凤魁为寺里塑像的记录，不过颇为遗憾的是，现如今这些塑像已无实物可考，这些曾经的寺庙或造像已经湮灭在历史的灰尘之中，不然我们还可以将它们与洪洞泥塑进行横向比较，以探讨其传承与发展之脉络。枣庄泥塑在第五代传承人刘夫珠时期受到了较大的冲击，这种影响使得逾百年历史的技艺传承出现了一定程度的断档。与许多非遗项目颇为相似的是，其后人在政策扶持和文化环境变化的情况下重新延续了此项技艺的传承，这是不幸中的万幸，不然诸多精彩的人类文化艺术精华将彻底消失。在提倡乡村记忆的今天，若是没有了文化的记忆，便如同失去了灵魂。枣庄泥塑项目的第六代传承人刘进潮有着非常丰富和跌宕的人生经历，从卖糖葫芦到干搓澡工，最后他又回归到了祖辈传承的泥塑项目上。虽然刘进潮努力继承和恢复了枣庄泥塑技艺，并使得枣庄泥塑在相对较短的时期内恢复了往日的辉煌，但欠缺前代泥塑实物资料的比较学习也给刘进潮的传承之路带来了一定的阻碍和缺憾。匠人世家的家传是在日常劳作和摹古悟今的点滴之间相互影响并传承下来的，这期间的断档和缺失是难以衡量和弥补的。现如今承御国家大力扶持非遗项目发展的东风，枣庄泥塑获得了新的生机，先后建成了枣庄泥塑传承基地和传习所、枣庄泥塑展示馆，第七代传承人刘嘉良也开始承继枣庄泥塑项目的传承工作。

2008 年后，第六代传承人刘进潮逐渐将重心放在泥塑创作之上，并取得了诸多艺术成就。在由匠人所创作的艺术珍品中，我们可以真切体会到"七窍玲珑心"的存在，而寓于其中的匠心独运则令普通的泥土材料焕发出人性的魅力。枣庄泥塑项目第六代传承人刘进潮便是拥有这"七窍玲珑心"的匠人。从小的耳濡目染使得他在缺少父辈足够指导的情况下便能对泥塑造像的技术融会贯通，并赋予造像以灵魂。他的作品总是活

《玉皇王母》 刘进潮

《韦驮》 刘进潮

灵活现、神气自然，不得不惊叹其巧夺天工的艺匠构思能力。枣庄泥塑的核心要素是彩塑造像的相关技术及祖上流传的《刘氏塑像口诀》，风格与山西古代彩塑一脉相承，既有北魏的古朴，又含盛唐的丰腴，人物性格刻画以写实为主、夸张为辅，衣服饰品以宋代彩塑风格为主，贴体利落，线条流畅。

枣庄泥塑的制作流程有取土、晒土、陶泥、和泥、立骨架、缠草绳、上大泥、上细泥、阴干、补裂缝、上彩等步骤。主要工具通常有木棒槌、压子、刷子、铲子、纱布、水胶、颜料、画笔等。枣庄泥塑运用十字手法，讲究推、揉、捶、抹、擦、搓、捏、抖、按、砸，将线与形体巧妙结合，在造型上使用圆塑、浮塑、透塑、贴塑、悬塑、模印等方法。枣庄泥塑吸收了书法艺术中"线条"的表现力，将其运用到泥塑技艺中，通过线条的疏密、曲直、长短等表现手法，能够使线与形体巧妙结合，不但真实表现了衣褶翻卷、穿插的层次和丝麻、纱绸的质感，而且还加强了人物动静姿态，突出了人物的性格特点，以形写神，达到神形兼具的境界。

传统泥塑通常与彩绘相结合，这使得泥塑形象亮丽生动起来，所以彩绘往往也成了泥塑艺术中不可或缺的一项技艺。传统彩绘有自己的一套配色方法与配制技术，恰如敦煌壁画中优雅古朴的色彩。枣庄泥塑沿用天然的土红、赭石、钛白、黑烟等矿物质颜料，这些材料具有经久耐光的优点，可保持百年不褪色。第六代传承人刘进潮在努力恢复传统彩塑体系的基础上，充分吸收传统绘画工笔重彩技法，将绘塑结合，相互照应。不仅如此，他还将当地流传的"保家仙"年画的配色方法创造性地引入了彩塑方法之中，以淡彩为衬托，鲜艳明快，把传统的"三分塑七分彩"改为"五分塑五分彩"，绘塑结合，形成了色彩鲜艳浓烈的独特的鲁南艺术风格。传统技艺与传统美术既需要继承，更需要创新，唯此才能在顺应时代变化的基础上实现活态传承。

罗庄周氏笼窑陶瓷烧制技艺

路　鹏

　　巍巍沂蒙山，滔滔沂河水。临沂地处泰沂山系中，境内多丘陵、山地地形，贯穿境内的沂河和沭河滋养了沂蒙大地，也带来了较大面积的扇形冲积平原。这片土地在 50 万年前就已有古人类的活动，沂沭流域内发现的细石器文化遗存也达近百处。临沂自西周时建城至今已 3000 多年，这里的历史可谓源远流长。临沂的陶瓷烧制自距今 7300 多年前的新石器时期的北辛文化便未曾中断过，如苍山于官庄遗址出土的文化遗存中便包含了北辛文化的夹砂红陶鼎、大汶口文化的夹砂陶鼎、龙山文化的陶鬲等残片，以及商周时期的陶鬲和汉代时的陶瓦等。这些遗存说明临沂的陶瓷烧制历史久远且连续，至今还有薛家窑土陶烧制技艺、周氏笼窑烧制技艺、龙家圈土陶烧制技艺、索村泥陶制作技艺、郯城黑陶制作技艺等非遗项目传承。历史上临沂地区的陶瓷生产以实用生活器具为主，直到今天这种生产状态也没有什么大的改变。自明清以来，临沂一直是山东省重要的陶瓷产区，现如今，临沂已发展成为以建筑陶瓷为主的产业模式，且在全国市场具有重要的影响力，这其中离不开罗庄陶瓷的贡献。罗庄的陶瓷产业主要以罗庄、付庄、朱陈、湖西崖为中心，得益于当地丰富自然资源，罗庄陶瓷在上千年的历史演进中一直发展至今。今天的罗庄在山东省乃至全国都是重要的陶瓷产区，然而人们对于罗庄陶瓷的认识和了解却远远落后于其发挥的作用。

根据相关考古资料和田野调查资料显示，隋唐时期的山东时局相对平稳，这为传统手工业的发展带来了良好的契机，山东的陶瓷业在这个时期开始兴起。在罗庄区罗西乡尚有古瓷窑遗址一处，据考证是在唐宋时期兴建的，在附近的朱陈村还发现了一处古窑遗址，这处古窑比前者年代更加久远，创烧于北

红陶褐彩狮形烛台

朱陈古窑址

朝晚期至唐代，窑址已被山东省人民政府公布为山东省第三批省级文物保护单位。朱陈古窑出土的陶瓷器其釉面光洁，施釉薄而匀，胎釉结合好，胎色呈浅黄色、白色、红色，釉色呈白色、黑色、绿色，器型以碗和罐为主，其工艺在北方的同期陶瓷产品中值得称道。纵观整个山东的陶瓷产业发展虽然历史久远，在龙山文化时期的蛋壳陶更是举世瞩目，但是在后来的发展中却没有发展出专供皇家的官窑或者辐射影响较大的民窑体系，不得不说颇为遗憾。山东的传统陶瓷业以民窑的形式绵延上千年，这造就了山东陶瓷重视实用性而轻装饰的总体特征，临沂陶瓷的这个特点尤为突出。直到新中国成立之前的历史阶段，临沂陶瓷器型皆以民用器具的碗、罐、盆等为主，釉色以简单朴实的酱色、黑色、褐色、米黄等釉色为主。

朱陈村是临沂最早生产规模性陶瓷的地区之一，在明末清初之时为躲避战乱和天灾，一些来自山西和其他地区的窑业工人来到朱陈村落户，进一步带动和发展了临沂地区的陶瓷产业。在这群窑业工人中形成了周氏和孙氏两家窑业大户，其中以周姓家族对罗庄陶瓷产生的影响最大。以周氏家族为核心的窑业人员通过技术革新和产业扩张进一步推动了临沂陶瓷产业的发展，周氏家族在可查的历史记录中成为罗庄陶瓷产业众多贡献者中的杰出代表，而罗庄陶瓷也逐渐成为临沂陶瓷产业发展的风向标。

民国时期的周氏家族在陶瓷生产实践中逐渐形成了以倒烟窑和匣钵为主要生产形式的陶瓷烧制技艺，对于相对保守的临沂地区的陶瓷烧制而言具有重要的意义。因为周氏家族的陶瓷产品烧制质量好、产量大，时人惯称罗庄的窑口为周氏笼窑。周氏笼窑的产品以面向普通民众生活使用的盆、罐、碗、瓮等产品为主，釉色以黑釉为主，选取临沂当地的陶土为主要原料，以煤为主要燃烧材料，除此之外也有紫砂等产品生产。由于年代较久远，以及对历史材料保护和整理意识不强等原因，周氏笼窑除了少部分产品尚有遗存，其他产品大多来自当地民间的收集。虽然在新中国成立后，罗庄陶瓷经历了由黑转白的历史转型时期，但以周氏笼窑为代表的黑瓷生产一直未曾断绝。时至今日，在罗庄依然有一些以生产黑瓷为主要产品的小型陶瓷厂，主要产品以陶缸、花盆等为主。

2021 年，罗庄周氏笼窑陶瓷烧制技艺入选山东省第五批省级非物质文化遗产代表性项目名录。在 20 世纪 90 年代由高等教育出版社出版的《中国老字号》一书将周氏笼窑陶瓷收录其中。该书是原国家教委"八五"规划重点课题——"中国老字号"的系列成果之一，收录了 1949 年以前中国创办的代表性民族资本企业。1996 年，周氏笼窑获得了由当时的国内贸易部颁发的"中华老字号"证书。然而周氏笼窑的辉煌却在后来的日子里戛然而止，个中缘由耐人寻味。2021 年，周氏笼窑掌门人周士贤将其创办的临沂园林艺术陶瓷有限公司厂区出售，继而筹划建立临沂市非遗博物馆与非遗传承中心，将周氏笼窑可以追溯的百年历史展示出来，让人们记住曾经依靠土窑为业的那段历史和乡愁，记住罗庄陶瓷为临沂作出的贡献，让传统的技艺后继有人，让传统的文化薪火相传。

周氏笼窑可追溯的第一代创立者为周春光，于 1897 年在当时的临沂朱陈镇开设窑炉。当时朱陈镇共有 13 家烧制黑陶的小型窑炉，其中的 9 家为周氏姓氏。由于周春光在制瓷和烧制技术上全面而熟练，因而他的窑炉所烧制的产品优于其他几家，其产品畅销于鲁、苏、豫、皖等省份。1928 年，第二代传承人周宗湘在朱陈镇东边开设煤矿厂，主要生产陶瓷烧制所需的烟煤，这一时期周氏笼窑发展成为临沂当地颇有影响力的企业。周宗湘不仅着力扩张企业的规模，而且在产品创新上也颇有建树。他根据临沂当地的矿产资源就地取材研制出的紫砂壶极具特色，其外观红而不艳，紫而不妊，热水冲泡时壶面渗出水珠而不淌，壶中茶水饮完，水珠也随之散去，其巧妙不输宜兴的紫砂壶。1932 年，因遇变故，周氏笼窑及其煤场被抢掠，由此开始进入了一段低谷期，直至 1934 年停产。1937 年，第三代传承人周树桢在朱陈镇跟随周耀廷做窑工。1938 年，日军占领临沂，朱陈镇被日军烧掠一空，周树桢家中仅剩余一根扁担，其后周树桢依靠做紫砂壶的手艺重振了周氏笼窑。颇具家国情怀的周树桢曾经还生产了两万件电信绝缘配件赠送给八路军，为新中国的解放事业作出了积极的贡献。

褐釉玉壶春瓶

黑釉印模"张"字金蟾六方烛台

酱釉印模八仙人物纹盖罐

褐釉酒壶

新中国成立后，临沂的傅庄、朱陈、湖西崖 3 个陶瓷产地的 8 家窑厂在 1954 年行业公私合营的背景下联合成立了陶瓷社，周氏笼窑的周树桢就是其中的一员。由于出色的技术能力，周树桢被委派负责陶瓷社的生产技术工作。1955 年，为响应上级部门提出的"临沂陶瓷必须由粗变细，由黑变白"的要求，陶瓷社成立了以周树桢为组长的试验小组，历经一年多的跋山涉水和反复试验，他们成功试制了临沂的白瓷产品。1957 年，山东省轻工业厅对试制样品给予了高度肯定，并拨款在罗庄建立了临沂第一家白瓷企业——临沂白瓷厂。经过几十年的呕心经营，至 20 世纪 80 年代，临沂白瓷厂已经发展成为产值过亿元、职工 2230 人的国家二级企业，后来又通过改制成立了临沂银凤陶瓷集团，是中国最大的日用陶瓷生产企业之一。

周氏笼窑的第四代传人周士贤跟随其父周树桢学习，不仅掌握了制瓷的整套技术工艺，而且在陶瓷产品的造型设计上青出于蓝，其陶瓷设计作品多次获得山东省原第一轻工业厅的奖项。1985 年，周士贤响应改革开放的号召投身商海，创立了临沂市园林艺术陶瓷厂，主要产品为园林陶瓷、艺术陶瓷、旅游

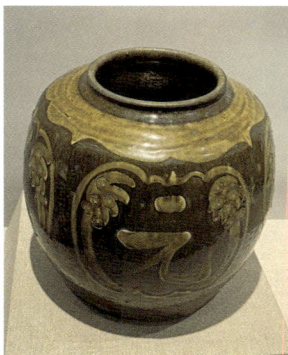

"状元及第"纹酒坛

黑釉油灯

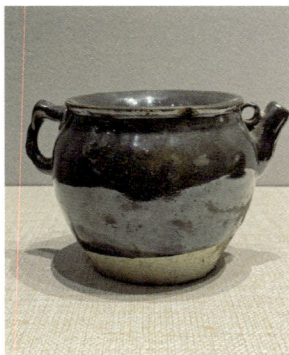

黑釉执壶

临沂瓷厂酱釉文字花卉盆

瓷水泵

陶瓷、日用建陶等。周士贤所经营的陶瓷厂向整个罗庄区后来的陶瓷企业输送了近3000人的技术骨干和产业工人，从传承和发展的角度上来说，周氏笼窑以顺应现代工业体系的形式实现了传统工艺的活态传承和创新。传统技艺不是保守，传统技艺也一样需要发展和创新，需要根据时代的变迁去生产人民需要的产品。周氏笼窑及其传承人通过他们的努力为中国非物质文化遗产的传承和发展作出了极其出色的示范，他们传承的不仅仅是一项技艺，还有凝聚在其中的临沂历史和文化。

平邑李氏草编　陈静

　　草编是民间广泛流行的手工技艺，是利用草类植物的叶、茎编成各种动植物造型或生活用品，其造型别致，技艺精湛，美观实用。平邑李氏草编技艺以各种动物为主要造型，在编织过程中，形态千变万化、惟妙惟肖，作品种类丰富，表现形式多样，极具地方特色。2016年12月，平邑李氏草编被录入临沂市第五批市级非物质文化遗产名录。

　　平邑李氏草编主要分布在平邑县仲村镇一带。优越的自然环境、丰富的物质资源，为蒙山传统手编工艺的产生和发展提供了物质基础；便利的交通、发达的旅游业，为平邑李氏草编的崛起创造了有利条件。

《独角戏》 李自亮

《中华龙》 李自亮

《护子心切》 李自亮

平邑李氏草编历经五代传承，在传承过程中不断发展与创新。第五代代表性传承人李自亮将草编技艺与传统书画相结合，形成了独特的艺术表达形式。李氏草编创作的作品综合了草编和书法的特点，以草龙和书法结合创作的《棕书》在第五届潍坊工艺美术节获得金奖。平邑草编在国内不断发展的同时，也开始迈入国际市场。2018 年，在马来西亚举行的"第二十届书香世界中华书展"非遗文化展示中，李氏草编获得高度评价，为平邑草编在国际上的发展打开了市场。

草编材料以棕榈叶和塑料仿制材料为主，常用工具主要有大钳子、小钳子、剪枝剪、高枝剪、大剪子、小剪子、锥子、缝衣针、小刷子等。处理材料主要有无水清漆和稀料等。早期草编材料常用当地野外采集的草，编出来的工艺品易变色、易断，不宜长期保存。棕榈叶通过蒸煮、晾晒、防虫、除卵等工序后可长期保存，目前草编的材料主要选用棕榈叶。草编材料也会选用各种颜色的塑料仿制材料，编出来的作品颜色靓丽，色彩搭配合理，形象逼真且不易损坏，脏了可以用水冲洗、擦拭，便于长期保存。

草编常用技法是单编。经过处理之后的棕榈叶，通过撕、拉、绕、穿、刺等手法进行艺术创作，从设计构思、选材处理、编织造型、后期处理等，都由手艺人独立完成。艺人在创作中不断总结经验、改变编织技法，在传统单编的基础上发展出双编草编技法，使表现题材更为丰富，编制作品的外观更为生动。

草编题材丰富、艺术表现力强，草编作品彰显清新自然之美和朴实厚重的民俗特色。草编以动物形象为创作对象，多以代表着富贵、平安的吉祥瑞兽展开创作，富有浓郁的乡土气息。随着草编材料和技法的发展，草编的表现形式和创作类型不断拓展，由传统的蚂蚱、蝉等昆虫类，逐步扩展到现在昆虫、家禽、鸟类等，如九龙戏珠、单龙海水、鼠骑牛背、高瞻远瞩、护子心切、鹤立鸡群等，品种多达几十种，或单体表现，或组成场景，内容丰富。代表作有《丹顶鹤》《孔雀开屏》

《鸡庆有余》 李自亮

《昂首阔步》 李自亮

《蛟龙欲腾》 李自亮

《剑龙》 李自亮

《十二生肖》《螳螂捕蝉》《恐龙》等。

李氏草编的销售主要分布在省内的各大景区，如平邑县水邑田园综合体、曲阜春秋书院商业街、费县红云小镇、沂源牛郎织女景区、淄博周村古城、潍坊十笏园等地。近年来，销售区域进一步扩大至江苏的南京、无锡，河北的邯郸、保定，河南的郑州、濮阳，山西的太原、临汾，安徽的马鞍山、芜湖等地。

草编由于制作工艺较为复杂，销售价格却相对较低，因此年轻一代少有人喜欢学习。近些年来，随着非物质文化遗产保护行动的开展，李氏草编这项传统手工技艺也得到了传承和发展。平邑县委、县政府专门成立了平邑李氏草编技艺扶贫传承实训基地，促进文旅融合发展。平邑县文化和旅游局通过发掘、整理、传承等保护工作，组织传承人为当地百姓进行技艺培训，开展草编技艺进景区、进社区、进校园等一系列活动，促使草编传承人群逐步扩大，年龄结构也逐渐趋于年轻化。至今，实训基地已培训贫困人员和草编爱好者 60 余人。李氏草编技艺在传承和发展同时，也对文化产业扶贫和乡村振兴起到了积极的推动作用。

近年来，经过不断发展和创新，李氏草编这一濒临失传的传统手工技艺重新走入人们的视线，其简洁朴素的风格传承着中国传统文化的精髓，美好的寓意饱含着人民对美好生活的向往，让更多的人感受到了民间艺术的独有魅力。

济南剪纸　陈　静

剪纸又称绞花、剪花样，是一种用剪刀或刻刀在纸上剪刻图案的民间艺术。济南剪纸历史悠久、形式多样、风格独特、内涵深厚，以其自身的存在价值和相对独立的表现力而深受人们的喜爱。济南剪纸多来自乡村妇女和民间艺人，闲暇之余，妇女们常几人聚在一起，边聊天边剪花样、做针线，表现题材多来自日常生活中的所见所闻，具有淳朴的感情色彩，因此济南剪纸具有单纯、简洁、明快的艺术风格。2006 年 11 月，济南剪纸入选第一批济南市市级非物质文化遗产名录。

剪纸是济南民间艺术的重要组成部分，是重要的文化载体，具有广泛的群众基础，是各种民俗活动的重要表现形式。济南剪纸种类很多，有春节贴的窗花、墙花和门笺，做绣花图样的花样儿，结婚

《廉政为民　清白在世》 张宏娓

《祝福》 张本河

《福在眼前》 张本河

用的喜花，贴在器物上的筐箩花、纸斗花等。剪纸寄托了人们对美好生活的向往，取材十分广泛，诸如人物、动物、植物、器物、文字、符号、神话故事、历史传说等，都能借助剪纸重新呈现。

窗花是用来装饰窗户的，一般过年时贴上，用来增加节日的气氛。红色寓意红红火火，每逢过节必用红纸，因此剪纸窗花也不例外。窗花考虑到透光性和窗格的大小，一般都选用大面积镂空的图案，以线为主，在表现题材上各窗格之间有一定的联系，或是对称，或是连续图案。窗户贴上大红窗花，显得格外喜庆，剪纸上的图案都有着吉祥的意蕴，预示着新的一年红红火火、富足安康。

墙花是装饰墙面的剪纸，早期常把剪纸衬于白纸上，然后再贴在墙上装饰，现在多把剪纸装裱在镜框或卷轴上，挂在墙上装点室内环境。墙花虽与窗花有类似之处，但是它不受窗格和透光的限制，表现技法更为丰富，视觉冲击力和装饰性更强。

门笺，又称过门笺、挂钱，是春节时贴在门楣上的装饰品。门笺的前身是流行于北宋的幡胜，南宋时成为元旦时门楣上的装饰。济南的门笺为长方形，由中心的膛子，上、左、右的边框和下边的穗子构成，由彩纸刻成，与春联相映衬，把新年氛围装点得红火热闹。

绣花样，是民间刺绣底样的剪纸，多由巧手的妇女根据绣制的物品剪出合适的花样，附于刺绣面上进行绣制。绣花样对纸张没有严格的要求，因用途不同而形成了方形、圆形、菱形、荷包形等各种纹样。在济南有专门出售刺绣花样的作坊，

《喜鹊登梅凤凰到》 高雷

《旺旺年》 张宏娟

他们用斜刃刀刻制，又被称为切花，其剪纸作品具有简洁疏朗的特点。熟练的艺人剪刻刺绣花样一般都不用起稿，直接就可以剪刻出各种鞋花、帽花、枕头花等花样。

喜花是指结婚礼仪中的各种剪纸，这在济南农村地区比较普遍。旧时出嫁的姑娘要用一定数量的剪纸来布置新房，剪纸的好坏也是评价新媳妇手巧不巧的一个重要标志。婚礼喜花中用得最广的就是喜字，也有用龙凤图案装饰喜字贴于新房窗上、墙上以及陪嫁的物品上的。

除此之外，还有笸箩花、纸斗花。笸箩花，又称笸箩云子，是用于装饰纸盒、纸笸箩的剪纸。纸斗花，是贴在面斗子外面的剪纸。笸箩花和纸斗花可以通用，由主体花纹和边饰花纹组成。

济南剪纸造型简练、夸张、明快。剪纸的画面是由线条和块面阴阳互补而成的，既要有画面感，又要保持相互的关系处于连而不断的一个整体，这十分考验艺人对剪纸整体的控制能力。剪纸作品要求刻而不落、剪而不断，在剪刻过程中，要抓住形象主要特征、做到线条连接自然，就要化繁就简、突出形象的主体，使物象特征明确。

《撞拐》 孙秀芹

《卖货郎》 孙秀芹

《富贵吉祥》 王君

《项羽京剧脸谱剪纸》 王恩立

随着时代的发展与生活环境的改变，济南剪纸艺人的创作更加多样化，出现了撕纸、树叶剪纸等新的剪纸形式，增强了剪纸艺术的表现力，剪纸的应用领域也更为广泛，其相关衍生品让我们的生活越来越丰富。剪纸以特有的方式默默地唤起人们对生命的热爱、对美好生活的向往，把人们平凡的生活点缀得绚丽多彩。

潍县砖雕 陈 静

　　砖雕，即在青砖上雕刻图案的技艺，在民间建筑中被广泛应用。潍县（现潍坊）民间砖雕多出现在寒亭区杨家埠一带，砖雕艺人创造出大量技艺精湛、寓意丰富的砖雕作品，这些砖雕与当地百姓的民俗生活紧密相连，饱含深厚的历史文化底蕴，形成了有浓厚地域特色的砖雕艺术。2011年，潍县砖雕入选潍坊市第三批市级非物质文化遗产代表性项目名录。

　　潍坊民居中砖雕艺术的大量使用与当地富足的经济和厚重的人文历史息息相关。潍坊浓郁的乡邦文风，成就了它丰富灿烂的历史文化。潍坊当地众多大家族和仕宦之家，比较重视民居的规模和雕刻装饰，故将砖雕大量应用到民居装饰之中。从明中后期开始，潍坊各村各社建造坛庙寺观蔚然成风，

《潍坊风物》 神芳桥

《如意砖雕门楼》 神芳桥

用砖瓦建造的房屋院落不断出现，门楼、影壁、屋脊等建筑部位的镶嵌砖雕需求量大增，客观地促进了潍县砖雕的发展，使得潍县砖雕逐步发展成熟壮大，在清中期已成为全国九大砖雕之一。时至今日，在潍坊城隍庙、十笏园、杨家埠大观园、郭宅街、陈家的万印楼、王之翰故居以及周边县区的村庄、家庙、故居等建筑上，仍能见到风格不同的砖雕装饰。

潍县砖雕布局巧妙、装饰性强。砖雕结合建筑构件的基本造型进行雕琢，层次丰富、表现形式多样，具有极强的装饰效果。屋顶通常是建筑装饰的重要部位，潍坊民居在屋脊、檐口都有点睛之妙的砖雕装饰。潍坊大量的民宅影壁，都以青砖颜色为主，整体十分素雅，影壁装饰以传统纹样为题材，反映出广大人民的内心向往与愿望，体现民居中传统朴素的民风。墀头是墙体立面装饰的重点部位之一，潍坊地区墀头砖雕最上面的戗檐多用混砖或连檐薄长砖装饰，墀头雕刻装饰，中间主体部位多以动植物纹样装饰；在博风的侧面砖头上还常刻有造型简洁的吉祥图案；最下面用精美的纹饰收尾，结构合理，构图完整，极具观赏性。

《潍坊十景熏香》 神芳桥

《绣球香薰炉》 神芳桥

《莲升》 神芳桥

　　砖雕在传统建筑中起到画龙点睛的作用，是满足人们精神需求和审美需求的艺术表现形式。工匠们将寓意吉祥的装饰图案刻制到青砖上，用谐音、隐喻的装饰手法传达出百姓对富足生活、家族兴旺的向往与祈盼，文化内涵丰富。潍县砖雕题材内容广泛，在青砖瓦房形成以后，用砖雕装饰建筑细部，表现题材最多的是寓意吉祥、和睦、平安、富余、兴旺的各种吉祥纹样，主要有动物、植物、器具、文字和几何纹样，做成花嵌、角花、山花等装饰构件应用到建筑上。动物图案常见表现题材有龙、凤、羊、鹿、鹤、狮、牛、马、鱼、蝙蝠等；植物图案有牡丹、百合、荷花、梅花、松柏、翠竹等；器具图案主要有香案、毛笔、梭镖、宝葫芦等；文字图案主要有寓意福寿吉祥、万寿无疆的"寿"字、"福"字、"卍"字等；几何纹样主要有三连环、双锁皮、水波纹、盘肠纹、龟背锦、大小十字等。这些图案纹样，通过组合排列和变形，应用在方形、圆形、三角形、带形等规则几何造型的青砖上；也可由多种元素组合而成，如犀牛望月、鹿鹤同春、龙凤呈祥、三阳开泰等，具有吉祥的寓意。

《龙头蜈蚣香薰》 神芳桥

　　潍县砖雕构图饱满、造型洗练、粗犷浑厚。为保证建筑构件的坚固耐用，雕刻刀法朴实浑厚、粗犷豪迈。由于砖料松脆易碎，雕刻时要格外细心，不能有分毫失误。砖雕技法以浮雕、阳刻为主，阴刻、透雕相互协调。砖雕的用料与制作要求精致到位，大型砖雕作品会分开雕刻，再用松香或面筋将小砖粘接成整砖，不易开裂。也有部分砖雕会上色装饰，如同杨家埠的年画，采用大红、靛蓝等颜色装饰制成彩砖。镶嵌在屋山上的菱形或圆形的山花砖雕，色彩艳丽，使建筑显得富丽堂皇，是民间技艺在建筑装饰艺术上的一个典范。

　　老潍城砖雕艺人众多，最为著名的有潍城区张家车门的赵洪文，民国年间，周边几百里的人都慕名来订货采购；还有仓上村的王振盛、王振中、崔佃贵、王延洪，寒亭的周华东、徐连起，张营的冯泰岱、冯泰山，东清池的逄永吉，西清池的牟玉仓、牟文心、牟光谱，埠南头的李文公等。神芳桥是潍县砖雕代表性传承人，他在传承中不断创新，将砖雕从传统建筑构

《万福流云沙燕灯 》 神芳桥

《坐忘知道意、贞悟见天心 》 神芳桥

件中脱离出来，在延续传统技艺的基础上，拓展砖雕的应用范围，用现代的表现手法和创意赋予潍县砖雕以新的生命。他制作了系列砖雕摆件、砖雕香薰等工艺品，为砖雕的发展提供了新的方向，代表作有《万福流云沙燕灯》《老潍县砖雕如意门楼》等。

潍县砖雕根植于民间，造型质朴，具有浓郁的地域特色，是流传于民间的重要艺术表现形式。潍坊劳动人民将传统文化和建筑艺术融为一体，形成了独具特色的砖雕艺术形式。

潍坊葫芦烙画　陈　静

　　葫芦拥有美好吉祥的寓意，赠人葫芦，即赠送福禄。葫芦可食可器，更可制成艺术品长久保存，收藏价值极高。葫芦烙画，是在葫芦外皮上用烙笔作画，通常根据天然葫芦的造型特点，选择合适的图案，用娴熟的烙画技艺，实现器与艺的完美结合。

　　潍坊葫芦烙画以葫芦天然造型进行创作，常选材于中国传统绘画和民间故事，人物、花鸟栩栩如生，山水意境幽远。潍坊葫芦烙画神似国画墨色，浓淡相宜，具有中国画的效果和韵味，具有浓郁的田园风情。葫芦烙画具有中国画的神韵，可借助国画中的表现技法，表现出丰富的色调与层次。烙画古朴素雅、造型精准、线条流畅，既能描绘国画的意境和效果，也可以展现写实的艺术效果。葫芦烙画还常与彩绘、雕刻、镶嵌等工艺相结合，展现出

《葫芦烙画》 付培龙

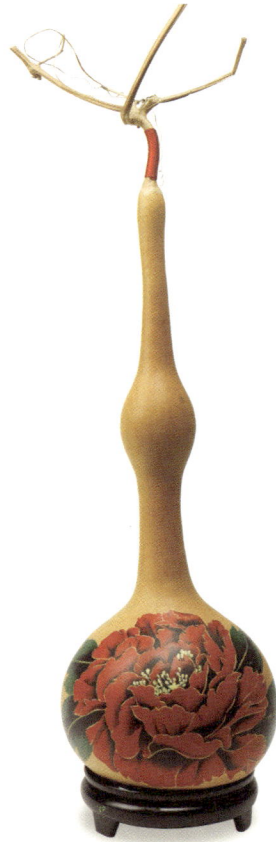

《富贵花开》 刘君

《大吉大利》 丁承效　　　　　　　《寿星》 丁承效

更为丰富、细腻的艺术效果。2014年10月，潍坊葫芦烙画入选潍坊市第四批市级非物质文化遗产代表性项目名录。

葫芦烙画在选材上很有讲究。葫芦的形状和尺寸会影响着烙画的主题和图案。比例匀称的亚腰葫芦、敦实憨厚的瓠子葫芦、脖长圆肚的油锤葫芦、一头略尖一头圆的鸡蛋葫芦等，这些造型各异的葫芦为艺术家的创作提供了大量的素材。葫芦在中国北方种植范围很广，烙画对葫芦选材的要求较高，需要挑选表皮光滑、器型较好的葫芦作为烙画的载体，通常以山东、河北、天津、山西、新疆种植的各类本长葫芦为主。烙画的葫芦需要放置一段时间才能使用，一般选择存放两年以上的葫芦，其材质更为稳定、色彩更为沉稳、烙画效果更好，具有古朴的质感。

葫芦烙画以火为墨、以铁为笔，它源自传统的烙画工艺，明代以前叫烧画，清代叫烫画，老百姓常称它为烙画。葫芦烙画技艺对烙笔的火候和下笔力度要求极高。烙画时，要控制好电压高低与表现浓淡之间的关系，烙笔在使用过程中停留时间的长短，用笔的力度、速度，都会影响到烙画的色彩和笔触的效果。葫芦烙画用电烙铁的温度和电烙笔的力度来控制画面的色彩层次。温度越高，颜色越深，温度越低，颜色就越浅。烙画在晕染时，电烙笔的温度要略低一点，用力将颜色压进葫芦皮内，这样的烙画不易褪色，可长久保存。在创作中要做到胸有成竹、一笔成形，切记用色过猛，否则很难修复。

葫芦烙画的工具主要是电烙笔和调压器，电烙笔一般选用带有调压器的电烙铁，可以把烙铁头改成需要的形状和材质，形状主要有尖、扁、圆几种造型，方便对点、线、面的绘制，可绘可写，还可改换软硬线条。电烙笔需要准备多个笔头，可以根据不同的表现位置来更换，稳压器可以调节笔头的温度和笔头绘制颜色的深浅。目前市场上有成品的烙画笔，配有常用笔头，操作起来更为方便，但很多艺人为追求更好的效果，多自己制作烙画工具。他们对笔头的造型和圆润度要求很高，会在使用过程中不断尝试与调整。

葫芦烙画需要经过构思起稿、刻画晕染、刮白上色几个主要步骤。第一步构思起稿：用铅笔把要烙画的图案绘制到葫芦

《花开富贵》 刘君

《牡丹》 刘君

《松鼠》 张永智

《八仙过海》 邱金萍   《百子图》 邱金萍

上，然后用电烙笔轻轻勾线，线稿勾画好后，用橡皮把铅笔底稿擦掉。第二步刻画晕染：调好烙画笔温度，晕染出图案的深浅色调，根据图案表现的不同，选择的烙铁笔也不同，用尖头的画线、用扁形笔头的润色，最后再用烙画笔对关键部位进行细致深入刻画，拉出层次。烙画不仅有中国画的常用表现手法，还可以熨出丰富的层次与色调，可以绘制出写实的效果。第三步刮白上色：用刀片把图案上一些特定部位的表皮刮去，使葫芦发白，以突出主题，也可根据画面需要进行上色，在刮白后的位置上色更容易把控色彩的准确度，丰富画面效果。

潍坊葫芦烙画是用自然质朴的语言描绘人们对美好生活的向往，表现题材直接反映了民间大众的精神面貌和审美文化。在葫芦表面用烙笔烙绘出或深或浅的图案，经过千百次的烫烙，表现出书画的艺术效果，赋予葫芦新的神韵。作者把自己的审美情感通过葫芦融入葫芦烙画艺术品中，山川河流、古今人物等图案都惟妙惟肖、栩栩如生，表现出民间大众的生活情感和对美好生活的追求。

周村丝绸织染技艺　李　霞

　　周村，古称於陵，自古以来就是中国桑蚕丝绸业发源地之一。2021 年 5 月，周村丝绸织染技艺正式列入第五批国家级非物质文化遗产代表性项目名录。

　　周村的丝绸业，起源于夏商时期，历经汉唐，盛于明清。商代的周村已经是重要的丝绸纺织中心。汉代到唐代，周村是世界著名的海陆丝绸之路的重要源头之一。到了明清时期，周村成为全国丝绸生产中心，来自印度、南洋、俄罗斯的商人们，购买周村丝绸作为贵重的礼物，同时把中国的丝绸文化传播到世界各地。乾隆年间，植桑养蚕是当地人的主要行业，"每于夏季，丝市极盛"，周村呈现出一幅"桑植满田园，户户皆养蚕，步步闻机声，家家织绸缎"的美好画面。到了清代末年，各地的丝商纷纷来到周村投资办厂，周村成为山东丝织业的中

《花开富贵》 王利民 张义

《八骏图》 王利民 张义

《长城》　王利民　张义

心。在 1936 年版的《现代本国地图》中作了如下介绍：周村丝织业之盛，所织绢、绉、绸、绫之属，称山东第一。近代以来，周村的丝织业更是发展迅速，是全国 12 个丝绸生产基地之一。

　　周村丝绸产品优质精良，生产技艺复杂，从蚕茧到成品需要经过三四十道工序，才能把蚕丝变成工艺精美、花样繁多的丝绸织染产品。周村丝绸染织技艺主要包括几道大工序和若干道小工序。

　　第一步，泡丝。把挑选好的原料加入助剂、防静电油和柔软剂等浸泡，软化丝胶，使丝变得光滑饱满，为下一道生产工序的进行打下基础。

　　第二步，络丝。把绞装的桑蚕丝通过络丝机翻到不同的筒子上面，为下一道工序做准备。

　　第三步，并丝。并丝是把两根或两根以上的单丝合并成一根股线，或者将两根及两根以上的股线再合并成一根复合股线的加工过程。合并的丝线有捻或者无捻都可以。在这个过程中可获得所需要的丝线，同时通过并丝还可除去丝线表面的粗结，从而提高丝线的均匀度。

　　第四步，捻丝。捻丝是为了提高丝线的强力和耐磨性，减少丝线的起毛或断头而对丝线进行加捻。加捻可以增加织物的弹性，使织物表面具有抗折能力，并且使织物表面呈现柔和的光泽。传统产品"双绉"就是纬线加强捻的代表产品。

　　第五步，整经。整经是将一定根数的经纱按规定的长度和宽度平行卷绕在经轴或织轴上的过程。经过整经的经纱为穿经或接经做了准备。整经有一些要求：首先各根经纱要张力相等，并且在经轴或织轴上均匀分布，色纱排列要符合工艺规

《南湖红船》 王利民 张义

定。原始的整经是用手工进行的。

第六步，摇纡，又叫卷纬。就是把加工好的纬线通过摇纡机缠绕到纡管上，放入梭子中，作为纬线上机织造。

第七步，织造。作为丝绸生产中最主要的工序，织造是指把经、纬纱线在织机上相互交织成织物的工艺过程。织造的五大程序分别是开口、投梭、打纬、送经、卷取。

织锦画是丝绸织造工艺中最复杂的产品，需要先染好经线纬线后再上机织造，织锦采用红、黄、蓝、绿、黑、白作为纬线原料，通过不同的组织变化和色彩搭配来体现五颜六色、层次分明的视觉效果。织锦画运用最传统的技艺、最古老的提花龙头和梭织技术来完成。随着时代的进步，传统织机性能欠缺，不能满足织锦画的织造要求，技术工艺需要升级换代。周村丝绸织造技艺代表性创新企业凯利丝绸有限公司攻克了传统织机性能上的五大难题，即对多梭箱装置、选梭装置、熟丝色织工艺、颜色层次过渡与织物组织的编排、卷曲送经部分进行

《丝绸之乡》 王利民 张义

改造。这样的改造克服了传统织机存在的短板，将传统技艺与现实艺术表现形式相融合，利用织物组织的规律变化，使织锦画具有更加丰富的色彩和迷人的魅力。

周村的丝绸文化精品织锦画系列无论从织法还是颜色搭配上，都有着独特的东方民族的艺术风格，其色彩鲜活灵动丰富，体现了精湛的中国丝绸艺术，是民间艺术的瑰宝，更是中国传统文化的珍品。

烟台绒绣　李　霞

　　烟台绒绣作为烟台市非物质文化遗产，是用各种彩色的羊毛线把各色图案绣制在特制的网眼布（又名钢丝布）上的绣种。绣好的作品板正规整，色彩丰富而绚丽，针法多变，形象逼真，层次分明，有较强的立体感，以风格高雅迷人而闻名。

　　早在 14 世纪，德国农民的一些服装和壁毯上就出现了绒绣的雏形，它的材质接近绒绣的用料，绣制的方法是根据织物的经纬线排列计算针数而绣成图案。在 16 世纪的欧洲，有一种麻布做的刺绣底子，在上面用羊毛绣线逐针填满形成了绒绣。这时的绒绣成品一般用作椅垫和靠垫、壁挂等，既具装饰性又有实用功能，可以美化人们的居室环境。在 17 至 19 世纪时，绒绣已经在英国流行。

《 少女与狗 》 周志娟

《 淑女与犬 》 周志娟

《 贤明带来丰收与和平 》 周志娟

《 蒙娜丽莎 》 周志娟

《杂交水稻之父袁隆平》 周志娟

19世纪末，英国传教士詹姆斯·马茂兰和他的夫人莉蕾来到新开埠的海港城市烟台传教，并开设"仁德洋行"，经营花边、发网、茧绸等，还开办了一家女子花边学校，收容生活贫苦的女性入学，教授她们花边编织技术。绒绣就是在此时由欧洲引入烟台的。随后，外国商人在上海等地也开设了一些企业，组织当地的妇女生产绒绣产品。在这个过程中，绒绣艺术家们改进并创新，把国内优秀的传统刺绣与绒绣技艺相结合，使绒绣形成了一种独具中国特色的工艺美术品。中国绒绣主要产于上海、辽宁朝阳和山东烟台。在发展过程中，不同的地域形成了不同的风格特色。其中，以烟台为代表的芝罘绒绣和以上海为代表的海派绒绣最为出色。

绒绣绣品色彩丰富、层次清晰，有着独特的艺术风格，其基本针法与我国传统的戳纱绣大致相同。据考证，早在2000多年前，我国毛线织绣技艺就已经由新疆流传到中原地区，制作的成品多为坐垫和褡裢。湖南长沙马王堆汉墓内棺的装潢材料里就有"铺绒绣"。烟台绒绣是西方绒绣技艺和中国传统刺绣技艺结合的产物，中西合璧，它的一大特色是将彩色的羊毛线绣在有网眼的坚硬的钢丝布上。

绒绣针法，是按照钢丝布的网眼用有规则的斜针一格一针进行绣制的，每针会形成一个椭圆形的小色块。烟台绒绣除了使用针法简单的方点针，还发展了许多种针法，如掺针、扒针、拉毛、乱针、打子、铺锦等。绣制时，可以根据需求自行拼色。一幅绒绣少则几万针，多则几十万针。烟台绒绣所使用的羊毛线色彩达 1000 余种，有的甚至高达 2000 余种。传统的烟台绒绣通过绣制经典的油画作品，表达出写实逼真的艺术效果。绒绣也善于表现摄影、国画等作品，主要通过染色、劈线、汇色、色渐变、网点过渡、调色等工艺来表现。绒绣源于

《红色花瓶与玫瑰》　周志娟

《敦煌莫高窟伎乐天》　周志娟

刺绣，它的画面效果和艺术感染力又是高于刺绣的。烟台绒绣从创作伊始，就把我国传统的刺绣针法和欧洲传统绒绣技艺融会贯通，展示了属于烟台绒绣的独特的崭新面貌。除了仿绣世界名画、彩色照片、人物肖像、中国画等艺术品，又在此基础上开发生产图案丰富、美观大气的靠垫、挂毯、桌旗、装饰垫等日用品。

烟台绒绣绣线采用高级羊毛线，色彩丰富并具有较强的艺术性，绒线有毛绒感，不反光，能巧妙地将原作的形、色、神、光相融合，青出于蓝而胜于蓝，所绣制出的绒绣作品在忠于原作的基础上有胜于原作的艺术效果，具有浑厚庄重、生动逼真、立体感强、表现力丰富的艺术特色。绒绣还极具文化品位，小型绒绣可是寸余精品，精工细线，惟妙惟肖；大型绒绣可以达到数米，宏伟壮观，比如人民大会堂山东厅的绒绣《东海日出》、毛主席纪念堂正厅的巨幅绒绣《祖国大地》都是烟

《好朋友》 周志娟

《大熊猫》 周志娟

台绒绣的代表作。芝罘绒绣技法丰富，层次感分明，有时一幅绒绣作品中常常变换几十种针法，成品极具审美性，非常耐人寻味，可以远观也可以近赏。

绒绣的制作工艺主要分为三步工序。第一步，放样。先用打出格子的方法把所绣画稿放大在麻布底子上。第二步，染色配线。绒绣用线丰富，所以要特别仔细地对照所绣画稿的画面色彩，根据不同的色彩区间分别染出所需要的颜色。第三步，绣制。绣制时分层次进行，一般先绣出大致轮廓，再逐个绣出色彩块面，最后进行细部刻画。

作为传统的非物质文化遗产，在快速发展的现代社会，绒绣技艺如何振兴，第一个难题是创新。在国家宣传和政府扶持下，烟台绒绣不仅制作挂在墙上的精品画作，也生产各类绒绣衍生品，比如茶盘垫、杯垫、背包的装饰等，并进行新的图案和用途的创新。第二个难题是传承。绒绣的发展需要热爱绒绣并能坚守初心、有绘画基础的年轻人加入其中。后继有人，才能有烟台绒绣的可持续发展。

拓片制作技艺 李 霞

拓片制作技艺是中华民族一项历史悠久的传统技艺，需要使用宣纸和墨汁及拓印工具，把器皿、碑文等上面的文字清晰地拷贝出来，是保护文物资料、保存临写摹本的重要方法，至今已经有1500多年的历史。2013年，拓片制作技艺被列入山东省第三批省级非物质文化遗产名录。

山东自古是人杰地灵之地，曲阜更是文人和书法家的聚集之地。山东地区的秦汉碑刻和画像石数量都居全国之首，这为拓片技艺的发展提供了得天独厚的人文条件。曲阜作为我国碑帖三大产地之一，现存碑刻5000余块，以孔庙汉魏六朝碑刻为主。拓片技艺的存在，能使更多的人感受到原汁原味的碑刻内容，领会和品味原作的精彩和韵致，也能将很多毁坏的碑刻最大程度复原。曲阜拓片技艺的发展

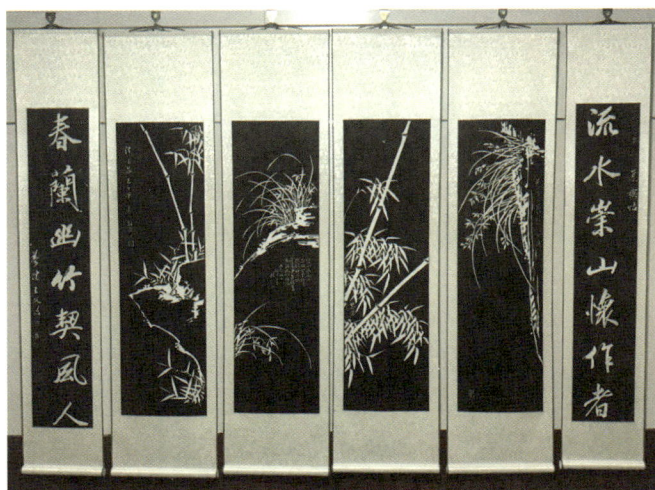

《竹兰四幅》 马长君

《知足歌》 马长君

为弘扬中华优秀传统文化提供了宝贵的实物资料。

上墨是拓片制作技艺至关重要的步骤。山东的拓片技艺主要有两种方法：擦拓法和扑拓法。

擦拓是使用毡卷蘸墨后将刷在石刻上的纸以擦拭的方式上墨，多用于较平的碑刻。把湿宣纸铺在碑石上，手抓着大小适宜的棕刷抚平并且用力刷，这样湿宣纸就可以紧紧覆在石碑刻印的平凹处，再使用鬃制打刷按照一定的顺序砸一遍。根据碑刻质地的不同，坚硬质地的碑刻需要在纸上垫毛毡，用木槌以合适的力度锤敲，使碑刻的细微处也能清晰可见。待湿纸干到一定程度后，用笔蘸墨刷在拓板上。用细毛毡卷成擦子，擦子要卷紧缝密，并且把毡卷的下端切齐烙平，手抓着要舒服适用。用擦子把墨汁揉匀，然后往纸上擦墨，擦的时候注意不要浸透纸背，只需要使碑文黑白分明即可。一般擦三遍才完成。

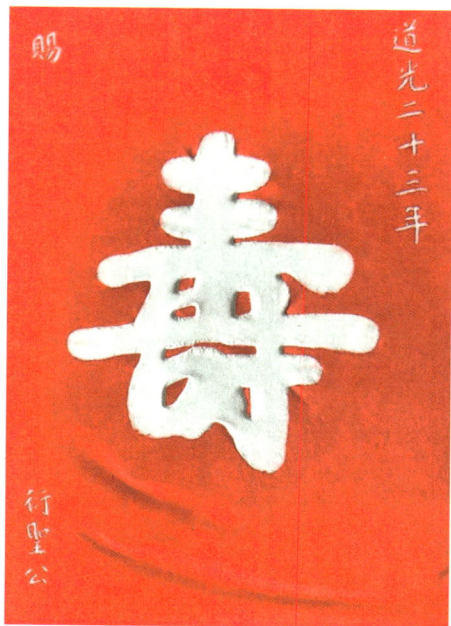

《寿》 马长君

《老寿星》 马长君

《读书歌》 马长君

《邓四幅》 马长君

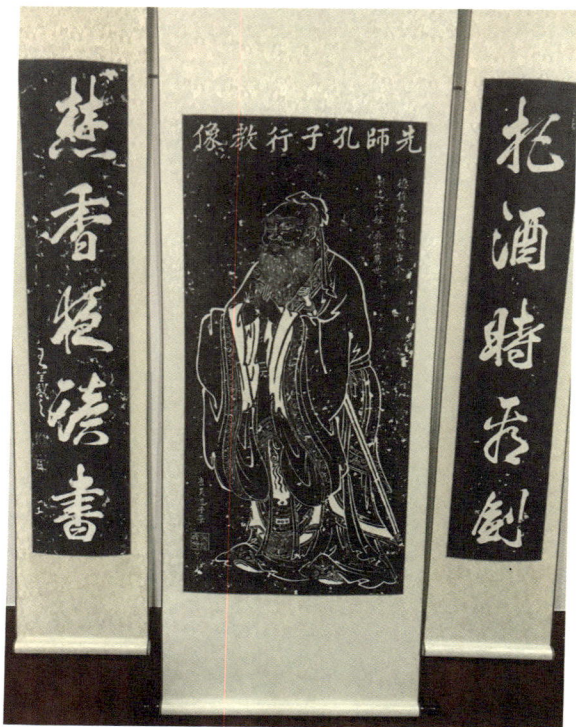

《 先师孔子行教像 》　马长君

　　扑拓法是使用扑子（拓包）蘸墨有序扑打上墨，多用于凹凸不平的器物。扑子是用绸缎或白布（平纹细布）包上油纸和棉花做的，柔软适宜，内衬布两层，一头需要紧扎成蒜头的形状。可以根据要拓印的物品捆扎成大、中、小三种不同大小的扑子。用喷壶把拓包适度喷湿，用笔蘸上墨汁刷在拓板上，再用扑子揉匀，这个过程不要着急，一定要慢慢地揉。有的时候会根据情况使用双扑子，左右手各执一个扑子，在左手（以右手为惯用手）拓包上蘸墨，然后把两个扑子对拍使墨汁揉匀，左手扑子引墨汁到右手扑子，再用扑子往半干的纸上扑墨；也可以先用预备纸试打，注意第一遍一定扑得均匀，再扑三四遍使其黑而有光泽即完成操作。

无论是擦拓法还是扑拓法，除了技艺的纯熟带来良好的拓印效果，还需要注意重要工具的选择。宣纸一般会选择纤维比较长、质地有韧性并且厚薄均匀的。宣纸要比所拓的石碑大 2 厘米左右。墨汁要选择精制书画墨汁，最好加少许香料去除拓片的腥臭味。鬃刷的毛质要软硬适中，毛质太软力度不足，毛质太硬会损坏宣纸。良好的使用习惯也是成功的关键，比如在拓碑前必须先用清水清洗碑面，把碑上的污渍泥土清洗干净，这样方不会玷污拓本。不要擦干，要等碑面自然干燥，擦洗时注意力度，不要损毁碑面。最后，需要把握好取下拓片的时机，一般八九分干的时候最好，此时拓片不易破裂。拓片不要放在太阳下暴晒，否则会发硬甚至凹凸不平，最好采取自然干燥的方式。

　　拓印制作技艺的魅力，在于拓印是从原作上直接复制的，无论是文字还是图案都与原作相同。在没有照相技术的年代，这无疑可以最大限度地保存原作的样貌细节，并且可以对原作进行重复拓印，这又有着印刷术的魅力。

　　拓印技艺源远流传。曲阜拓印的对象，有殷商甲骨文，西周青铜器铭文，历朝历代的碑刻、瓦当、墓志、佛教造像、塔铭、刻经、木雕等，对文学、艺术、历史、政治等社会生活的方方面面都起到了保存、传播的重要作用。在研究文学、书法、文字学等方面有不可估量的价值。拓片技艺不仅能最大程度地保留资料的原貌，更追求一种内在的格调和气韵之美。这需要拓印者既要有从实际工作中获得的丰富经验，又要有较好的文学和艺术修养。二者兼修的拓印人才难得，使得传统的拓印技艺的推广和传承难以为继。拓印技艺记录着中华民族数千年的文化和艺术，即使在现代也仍然应用在考古、文物修复、工艺美术等领域。拓印技艺亟待需要保护，希望能有更多年轻人愿意了解并深入学习这门古老又富有韵味的技艺。

刘氏翻花制作技艺

伏倩倩　刘庆怀

　　刘氏翻花是一种彩色纸质玩具，清朝以前人们称它为"翻花"或"翻天印"，后来称它为"变花""十八翻"，或"七十二变魔术花""百变神花"。在山东沂蒙山区的刘氏翻花，是成年人的休闲娱乐品，也是对儿童进行智力、艺术启蒙的艺术品。刘庆怀的刘氏翻花，拉开中间有三条彩色拉花，将其收拢，上下左右变化三个彩球或纸花，彩球上面布满蜂窝孔，球上有花，又像剪纸花一样。它花里有花，花中交花，花姿优美，栩栩如生。刘庆怀2015年被评为临沂市十大优秀传承人，2016年被评为临沂市非遗保护十大模范传承人。刘氏翻花2013年被临沂市人民政府评为市级非物质文化遗产项目，2020年被评为山东省第五批省级非物质文化遗产代表性项目。

翻花　刘庆怀

　　清早期，刘氏家族在平邑县陆续建村，兴刘庄和民居村相继建于这一时期，兴刘庄后因地形高而改名为高庄村。高庄村位于蒙山前，浚河东岸，陆路、水路交通均很便利。这一带分布有多处造纸作坊，翻花、插花等以纸为原材料的手工艺应运而生。翻花技艺代表了当时手工艺人在纸张、色彩运用上的奇思妙想和制作技巧，也反映出平邑民众渴望美化生活的文化需求和审美情趣。

　　每年秋后农闲直到春节，是翻花制作的时节。翻花和插花均由毛边纸染色制作而成。翻花艺人买来细薄的毛边纸，经过裁切、折叠、染色、粘接，制作成一个个五颜六色的翻花，插花则主要用于贡品摆放和婚庆装饰。翻花和插花做好后，翻花艺人肩挑手提，到附近各个集市上销售。这些色彩鲜艳、富有变化而又物美价廉的手工艺品，成为沂蒙山区普及性最高的民间艺术品种，它们为装点广大农民的生活环境、调节单调的生活氛围起到了重要作用。当孩子们手拿竹签轻轻一翻变出不同的纸花造型时，他们便眼前一亮，并和小伙伴会心一笑，然后

翻花　刘庆怀

期待下一个意想不到的翻花造型。翻花就是这样满足了孩子们求新、求变的好奇心，为孩子们带来了快乐，在娱乐的同时也起到了启发智力的功效。翻花这种寓教于乐的手工艺品，成为一代代沂蒙儿童成长过程中的启智玩具，也给他们留下了对儿童时光的美好回忆。就这样，翻花绵延相传了几百年，成为一种扎根于沂蒙山地区的民间艺术之花。

临沂市大部分县区曾经流行翻花，20世纪五六十年代，在临沂市、莒南县、费县、沂南县、兰陵县、蒙阴县等地普遍都有传统翻花。目前平邑刘氏翻花，分布于临沂市平邑县铜石镇高庄村。平邑刘氏翻花的销售，历史上主要分布于铜石镇的各个集市，也辐射分布到周边地方镇、卞桥镇、温水镇、郑城镇、天宝乡等乡镇集市。近年来主要销售到济南、临沂等地，同时参加各种展销会等活动。

平邑刘氏翻花是临沂特有的传统技艺，历史悠久，技术独特。它是组合为三个彩球拉开为三条拉花、可随意翻转变化为多种造型纸花的儿童玩具。材料上，选用上好的拷贝纸或毛边纸和一定比例的小麦粉、豆粉、米粉、盐、碱等，这样才能做出好的翻花。翻花工艺比较复杂，要经过粘贴、凿切、染色等十几

翻花　刘庆怀

道工序。翻花制作的流程：裁纸—制模—打糊—粘纸—晾晒—凿切—修边—罩染（三种色）—晾晒—剪纸板—粘木棍—晾晒—合口—整形—包装。

翻花的主要特征：

1. 娱乐性。翻花是一种通过纸花的翻转变化带给儿童欢乐的玩具，娱乐性是翻花的主要特征之一。

2. 益智性。翻花需用双手操作连续翻动变化来达到赏玩的目的。在此过程中既锻炼了双手的协调性，也锻炼了大脑的思维。

3. 审美性。翻花是由多组各不相同的彩色纸花造型所组成的，玩赏过程能带给儿童丰富的审美感受。

4. 民俗性。翻花是民俗节日的儿童玩具，对节日欢乐氛围具点缀作用，是流行时间长、分布地域范围广的民俗器物。

近十几年以来，由于现代技术的进步和各种儿童娱乐游戏方式的冲击，传统翻花逐渐退出市场，翻花技艺的传承与发展面临前所未有的困境，如何保护和传承翻花技艺成为翻花艺人亟待解决的主要问题。作为翻花制作技艺的传承人，刘庆怀进行了很多思考与尝试，他把翻花开发创新做成材料包，受到有关部门领导的高度评价。刘庆怀还每年培训十几位贫困人员，让更多居住在农村的贫困人群加入产品制作行列，让年龄大、行动不便的老人能有一份收入，既传承了中华民族优秀传统文化，也带动了群众致富，因此他受到了当地群众们的赞誉。如今，翻花传承人逐渐增加，有刘京运、刘庆华、刘庆芬、孙坦慧等 40 多人，他们的翻花制作技艺也非常熟练，同时还影响他们的家人一起做翻花，传承人的队伍日渐壮大。相信在更多人的努力下，这项传统技艺将在创新与发展中不断发扬光大。

茌平董庄中堂画

伏倩倩　刘本科

　　中堂画是中国书画装裱的一种传统形式。中国旧式房屋空间高度大，人们常在堂屋（客厅）中间或居室正面墙壁上挂一副带有对联的较大字画，这就是中堂画。中堂画在形式上的平衡对称彰显其庄重、雅致的特征，悬挂于厅堂也反映出主人的志趣、心愿及喜迎宾客等内涵。茌平董庄是山东省聊城市茌平区杜郎口镇的一个小村庄，这里是远近闻名的中堂画之乡，董庄中堂画是茌平的一大民俗文化亮点。

　　董庄中堂画历史悠久，相传明隆庆五年（1571），河北省清河县人董月迁至董庄落户，其擅长丹青，经历几代传承后到第六代董继白的花鸟画就有了一定成就；至第七代董玉池，其绘画水平渐臻成熟，他尤工鞍马、山水、人物；再到第八代董立元时，将董庄中堂画水平推向登峰造极的境界，时有"崔字（崔班的字）杨虎（杨蘋的虎）董人物（董立元的人物画）"之美誉。作为当时的人文画家，董立元在精英文化转向民俗化的过程中起到了重要的引领、推广作用。受董立元的影响与带动，在很长一段时间内，董庄几乎"户户会点染，人人善丹青"，中堂画以产量化形式成为村庄副业，画作远销周围各省。茌平董庄中堂画于 2016 年 3 月 22 日被正式列入第四批省级非物质文化遗产代表性项目名录。

董立元时期，董庄中堂画有人物、山水、花鸟等，多为民间故事题材。特别是董立元的人物画形神兼备、惟妙惟肖。他的人物画一是为世人直接画像，二是从世人生活中取材写意，三是从神话传说中选取八仙或淑女等人物加工创作，在风格上效仿扬州画风。董立元创作的《三仙炼丹》《麻姑献寿》《八仙》《福禄寿图》《仕女图》《水浒人物》等代表作，一直被后人临摹至今。

在技法表现上主要以工笔为主，同时融合历史上水墨丹青中国画的古法绘画技巧，色彩趋向鲜艳，符合民间审美心理，作品大多古色古香，从而得到了上至官宦豪门、下至黎民百姓的一致欢迎。在董玉池和董立元时期，作品大多是卖给官宦豪门的，因此质量要求高、制作时间长，多采用玉版加宣制作。转向民间制作后，因绘画要求降低，人们开始选用吸水性小的版纸和白粉连纸，后来人物画逐渐减少，花鸟画增多。花鸟画强调的是色彩亮艳绚丽，同时也不像人物画那样注重勾线。到第十二世董友谅，其早期代表作《八仙》《和合二仙》《刘海戏金蟾》等，秉承了前人笔墨严谨的画风，而晚年创作的《松鹤延年》则采用了深浅两种墨色在白板纸上完成，鹤顶、尾部以及月亮的设色，基本用纯色涂抹，变化不大。这一简单易学

《 江东双丽 》 董友环

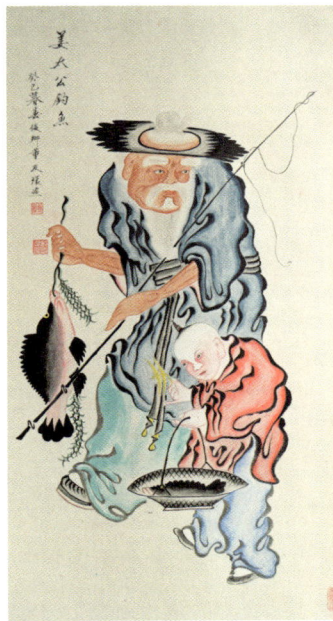

《 姜太公钓鱼 》 董友环

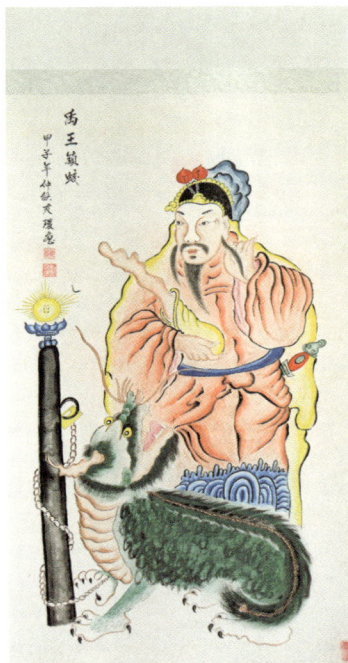

《 禹王锁蛟 》 董友环

《 渔樵问答 》 董友环

的绘画方式，也成为解放初期董庄中堂画的主流风格。董庄中堂画由于在流传过程中多为各家相互传抄，粉本不固定，再加上后世人在创作中融入自己的感受，使得传统文人画审美趣味消失殆尽，现代作品与传统作品有着较大差别，如题材民俗化、形式多元化等。因此，董庄中堂画成为清末文人画民俗化的一个典型代表。

在董庄中堂画的后期发展中，为加快作品的绘制速度，人们开始由原来的复制勾线，改为局部采用木板套印，特别是对衣褶较多、头像复杂等细节烦琐之处，采用了木板套印的方法处理，因此大大缩短了绘制时间。即便是没有文化的农家妇女，也能靠画谱临摹等方式作画，久而久之，村上的人大多成了既能画谱也能仿影的绘画高手。

1982年县文化馆举办民间美术展时，集中展出了南董村70余幅画作，极大地激发了董庄人绘画创作的热情。这一时期仿摹

《汉寿亭侯关公像》 董友环

《老子骑牛过幽关》 董俊卿

画出现了董兴舜、董兴泉、董友让、董友信等一批代表人物。

在 20 世纪 80 年代中后期，由于新材料和工业印刷品的出现，传统纸质手绘的作品销路受到很大影响。后来随着人们生活水平的提高以及人们谋生渠道的拓宽，村上外出打工的人多了，董庄绘画也失去了原来的社会基础。如今，董庄中堂画作为一项非物质文化遗产，受到了政府部门的高度重视和社会各界的广泛关注。杜郎口镇党委、镇政府以及南董村村两委投资建设了董庄中堂画讲习所，茌平文化部门亦成立了董庄中堂画研究会，定期举办展览和绘画艺术交流活动，力争使董庄中堂画这一民间瑰宝再放异彩。希望在社会各界的支持下，董庄中堂画在继承传统的基础上不断创新，挖掘区域文化内涵与特征，创作出更优秀的作品。

《松鹤延年》 董友谅

《松鹤延年》 董友环

滕县松枝鸟

伏倩倩　唐来华

民间玩具作为一种审美形态历史悠久，在新石器时代就已经出现。但是民间玩具作为一种概念却出现较晚。民间玩具是人民群众在生产生活中为愉悦而创作的，具有浓郁的乡土气息和清新朴实的风格特征，是劳动群众自己制作、使用并进入流通领域的。民间玩具种类繁多，根据不同制作方法可分为捏塑类、削刻类、缝缀类、编织类等，材料有泥、面、糖、木、竹、金属、陶瓷、织物、皮毛、纸、作物等；根据不同功能又可分为节令玩具、观赏玩具、音响玩具、实用玩具、益智玩具、健身玩具等。

在山东枣庄滕州市界河镇西西曹村，有一种鲁西南地区传统民间手工艺品——滕县松枝鸟。松枝鸟可以说是一种观赏类玩具。松枝鸟是用秫秸瓤、棉花、羽毛和五色颜料等综合材料制作而成的，因

《松枝鸟》 唐来华

《松枝鸟》 王宁

插在松枝上销售而得名；也有传说为鲁班所创，鲁班曾创造了木鸢，松枝鸟或为制作木鸢的最初雏形。在民国十五年，西西曹村村民王德益外出闯关东带回两只小鸟，经反复研究尝试制作，终获成功，之后以此为业并带动全村人争相制作，使得松枝鸟制作在当地形成了规模，产品销售到周边省市，再后来远销至上海、浙江、陕西、山西、东北三省等。2006 年，松枝鸟入选山东省第一批省级非物质文化遗产名录。

松枝鸟造型主要取材于大自然中的喜鹊、黄雀、麻雀等，用秸秆芯、鸭羽毛、棉花、铁丝、面粉等综合材料整体制作，制作精美，神态逼真。在这些作品中，有的鸟儿目视前方，有的鸟儿歪头侧目，还有的似乎正在与同伴交流，每一只鸟儿都活泼灵动，加上红、白、黄、绿、蓝等颜料的点染，栩栩如生。在松枝鸟的装饰上，其身体色彩多为白色、黄色，有的身体两侧或脖颈等部位绘有几笔写意线条。松枝鸟装饰的主要变化在冠羽与尾羽上，根据不同造型和不同鸟儿的特征装饰形态、长短不一的羽毛，并绘制不同的色彩。

做松枝鸟没有模具，也没有固定尺寸、规格，有的体格大如鸽子，有的则小如蝈蝈，完全凭手艺人纯手工制作，力度、角度等细节把握靠的是手艺人常年经验的积累。制作松枝鸟的工具主要有刷子、锥子、剪刀、刀子等。随着时代的发展，如今制作原料发生了一些变化，如在鸟骨架的制作上玉米秸秆取代了高粱秫秸，羽毛上染色鸡毛取代了野鸭毛，色彩原料也多采用现代色料。松枝鸟的工艺看似简单，步骤却很烦琐。制作过程主要有6道大工序：第一步，搭架子；第二步，包肚；第三步，刷浆；第四步，印鸟眼；第五步，画嘴；第六步，备翅膀。除此之外，还有十几道小工序，虽然劳动强度不大，但劳动量却不小，洗、晾、刷、画缺一不可。比如，秫秸，从地里拿回来需要晾干备用；做翅膀的羽毛，野鸭子毛最好；棉花，要弹好才能用。在这些工序中，搭架子首先需要剥秸秆、切秸

《松枝鸟》 唐来华

秆，然后把鸟的头部、尾巴、腿各部位及连接片削剪出来，再将鸟头、鸟身、鸟腿插接在一起；包肚就是用旧棉花把骨架头身包好，再罩一层精细的新棉花；刷浆之前需要用精白面粉打成浆糊，用水稀释，配好颜料，然后刷在小鸟身上；之后是把洗净的山鸡或水鸭羽毛贴在其头部和背部等处，染鸟嘴，进行晾晒；晾晒结束后，小鸟外皮形成薄硬壳，接下来，印鸟眼、画嘴巴、画翅膀；最后打扈子、裁树枝、扎小鸟完成。

松枝鸟在传承过程中主要是以家族传承的形式进行的，通过言传身教将这项手工技艺及完整工序保留下来。在西西曹村，目前仅有王德金夫妇一家在从事松枝鸟的制作与传承。王德金是山东省非物质文化遗产项目代表性传承人，他把这项技艺传承给了儿孙。目前王德金一家一直积极参与传统工艺的保护和传承活动，收集保存相关实物，开展松枝鸟手工技艺进校园活动，参加各项文化宣传展览活动等。他们希望能够不断扩

王德金的儿媳唐来华

《松枝鸟》 唐来华

大这项民间技艺的知名度和影响力，让更多人了解、喜欢松枝鸟这项传统手工技艺，并把这项技艺继续传承下去。

现如今，随着时代的发展，先进的玩具取代了传统玩具的地位，松枝鸟的生存环境较之以往发生了巨大变化。松枝鸟功能主要以观赏为主，其有着吉祥、喜庆、步步高升等寓意，材料廉价环保，与现代人所追求的节能环保的生活态度、回归自然的生活愿景相契合。在现代社会的审美环境下，若与现代设计理念相结合，拓展作品创作思路和应用环境，松枝鸟技艺依然可以有着无限的生机和市场空间。

滕州张汪竹木玩具制作技艺

孟祥田　伏倩倩

中国传统民间玩具历史悠久，种类繁多。民间玩具的制作是民间智慧与中华传统文化传承的体现，具有丰厚的民族文化底蕴，彰显地域文化特色。民间竹木玩具是传统民间玩具的重要组成部分，它取材于自然，将竹、木等材料通过切割、削刻、榫卯、彩绘等技术及艺术手法进行制作。民间竹木玩具种类有很多，如人偶类、陀螺类、机械活动类、乐器类、兵器类以及器具模型类等。明清以来，全国各地竹木玩具发展为地域性产业，如北京、河北、山东、江苏、安徽、河南、四川、江西、广东、湖南等地，品种丰富。

山东枣庄滕州市张汪镇南陶庄村，制作竹木玩具已有 300 多年的历史。南陶庄村是张汪镇东南角

吕传华在制作竹木玩具

的一个小村，相传先人是明洪武年间由山西洪洞县迁入的。在清朝乾隆年间，张汪镇陶庄村民高余友的祖父，从艾湖学来制作喇叭、竹笛子的手艺，后来在制作中不断钻研、开发了更多品种。20世纪四五十年代是竹木玩具发展的鼎盛时期，南陶庄村100多户，从大人到小孩，家家都做竹木玩具。当时南陶庄村的竹木玩具在全国各地都有销售，南到杭州、九江，西到西宁，北到哈尔滨，东到东海边。现有以高福志、吕传华为代表的传承人对这项技艺进行保护与传承。滕州张汪竹木玩具制作技艺于2012年3月入选山东省第二批省级非物质文化遗产名录。

张汪竹木玩具制作简便，通常利用木材、竹子的下脚料经手工制作而成。玩具种类概括来说有兵器类的刀、枪、剑、

《龙泉剑》 吕传华

《板斧》 吕传华

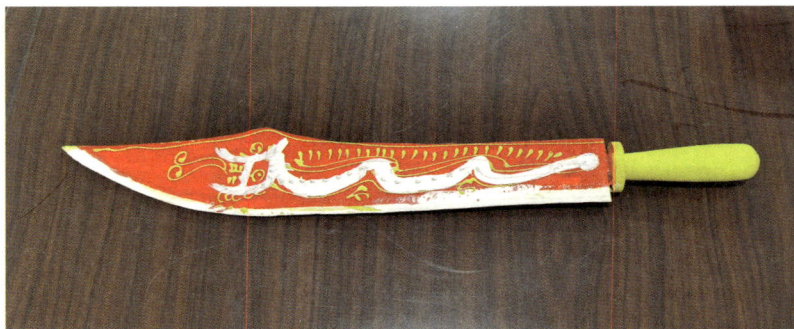

《单刀》 吕传华

载，乐器类的喇叭、笙、笛，还有机械活动类的竹龙、风车、燕车等。

竹木玩具从材料上可分为竹类、木材类和竹木混合类三种，竹类的玩具主要材料是鲜竹子、鲜竹竿，有小竹龙（旱条子）、竹笙、响风车、小喇叭等；木材类玩具材料主要有梧桐木、杨木、柳木等，十八般兵器类玩具一般都用木料来制作；另外还有竹木材料混合类的玩具，如燕车等。

若按照状态可分为动、响、静三类。可动的玩具如小竹龙（旱条子），由龙头、龙尾以及几段竹节扣连成的龙身组成，可随意摆动；可响的玩具有喇叭、竹笙等；静类的如兵器类玩具；还有既可以动又可以响的动响类玩具，如响风车和燕车。燕车上的燕子双翅各用一段铁丝连在两个木轮上，车的前头安装着一面圆鼓，鼓后面的木柱上绑着打鼓棒。当人用长竹竿推

《兵器》 吕传华

《 燕车 》 吕传华

动燕车时，车轮便带动燕子的双翅开始扇动，三角形木块带动鼓棒敲打车前面的小鼓。推动燕车时，燕子双翅不停地扇动，小鼓便发出咚咚声。

张汪竹木玩具的装饰特征鲜明，图形概括夸张，曲线活泼灵动，运用点与短线的重复、渐变等手法，结合红、黄、白、绿、粉等艳丽色彩相间装饰，增强了玩具的观赏性。

张汪镇竹木玩具制作多年来历经南陶庄村民的不断创新和发展演变，形成了以下特征：一是具有浓厚的生活气息；二是材料天然，环保无害；三是品种繁多，有动有静有响，具有鲜明的地方特色，老幼皆宜。张汪镇竹木玩具是南陶村人在劳动生活中运用自己的智慧创造与模仿生活器皿等制作出来的，这些玩具对儿童来说既能开发智力又可以锻炼体能，是曾经几代人的童年回忆，又是民间经典的手工技艺。

传统竹木玩具得以传承得益于家庭的言传身教。孩子们从小便跟着父母学习手艺，农闲时几乎家家都会制作，然后拿到集市、庙会等热闹的地方售卖，以补贴家用。在那个年代，制作竹木玩具也算是个足以养家糊口的生意。随着社会的发展、科技的进步、人民生活水平的提高和社会审美的转变，张汪竹木玩具与其他很多传统工艺一样陷入生存发展的困境，更多现代儿童玩具逐渐取代了传统玩具。如今南陶村从事传统竹木玩具制作的仅有几户，年轻人不愿制作，没有市场、赚钱少是主要的原因，很多竹木玩具正濒于失传的境地。

民间竹木玩具是传统民间玩具重要的组成部分，有着其特定的地域和历史文化背景，也是民俗文化的重要载体。在迅速发展的当代社会，在传承与发展传统文化、振兴传统工艺的契机下，民间竹木玩具的创新与设计要融入现代设计理念，与现代玩具形态进行创新融合，与文创及旅游开发相结合，挖掘民间造物思想和文化内涵，拓展产品类型，开发更广阔的市场。相信通过各方面不断的研究、探索，民间竹木玩具会迎来更广阔的发展前景。

浮皮雕艺
——麻姑岛手工皮雕、皮塑制作技艺

伏倩倩　李鲁鹏

　　浮皮雕艺有着极为悠久的历史。从溯源来看，早在远古时期，我们的祖先就已用毛皮遮体，并用硬物在上面刻画图案符号。周朝时期就设有专门机构进行皮革技术研究，并将研究资料系统地载入文献，这使我国成为世界上最早拥有皮革工艺文字资料的国家。先秦时期手工艺专著——《周礼·考工记》中涉及众多手工业技艺，记述了木工、金工、皮革工、染色工、玉工、陶工等6大类、30个工种，其中《攻皮》详细记载了皮革制作甲胄工艺，为后世典范。

　　皮革上雕刻装饰纹样起鼓塑型起源于北方的游牧民族，主要用来装饰马鞍、马靴及围帐等，后来

《圣母》 李鲁鹏

《熊猫屏风》 李鲁鹏

由于向朝廷进贡，雕刻着精美图样的皮革制品出现在中原地区。再后来，皇室贵族们要求工匠制作更为精细、烦琐、复杂的皮雕工艺品作为贵重礼品，清乾隆年间达到鼎盛，彼时拥有及使用皮雕、皮塑制品成为一种风尚，制作生产皮雕、皮塑的作坊也盛极一时，后蓬勃发展。清咸丰年间，麻姑岛皮雕技艺代表性传承人李鲁鹏的曾祖父，悉得皮雕技艺真传，并传与后人，在老家海阳麻姑岛村附近代代相传，延续至今。如今麻姑岛的皮雕、皮塑在保存了传统技艺的基础上，有了更多的创新。2022年，麻姑岛手工皮雕、皮塑技艺被评为烟台市市级非物质文化遗产代表性项目。

皮雕是利用刻刀、印花等工具，在皮革上通过刻、划、敲、推、挤、压等技术手法雕琢出层次不同的平面作品，从而制作出不同深浅、远近效果及各种图案的纹饰，技巧类似于金属錾刻的技法。皮雕、皮塑的制作，如何选用皮料至关重要，各种

《十二生肖钥匙扣》 李鲁鹏

《我的朋友》 李鲁鹏

《秧歌扭起来》（海阳大秧歌中的锢漏匠与王大娘） 李鲁鹏

皮料因质地不同而有不同的功用，会呈现出不同风格及特征。例如：猪皮的质地较为坚厚硬挺，常用作物件提手或是支撑皮件；羊皮质地柔软细致、薄而不破，多用于皮具内里或服饰配件的材料；而牛皮则有纹理细致、油脂丰富的特点，质地柔软且强韧，厚薄适中，是做皮雕、皮塑的最佳材料。但并不是所有的牛皮都可以作为皮雕皮塑的材料，最上乘的材料是优质黄牛头层植鞣皮。植鞣是一种工艺，未经处理的动物生皮或原皮会腐烂，经过植物萃取出的植物鞣剂鞣制加工出的皮革，具有可塑性高、易于整型、吸水力强等特点。鞣制皮料的过程也是非常复杂的，因为植鞣剂会与皮料中的脂肪等发生反应，产生难闻的气味，这也就是"臭皮匠"的由来。

皮雕首重雕工之美，其基本步骤如下：

1. 设计雕刻图案纹样。根据制作的款式形状，合理布局，设计所雕刻的图案，并描绘在透明纸上。

2. 雕刻前先选取一块适合做图案的头层牛皮进行裁切，然后用海绵蘸取适量的水打湿皮料，使其膨胀变软，增加皮革的可塑性。用水的多少根据师傅多年的经验进行判断，水过多皮

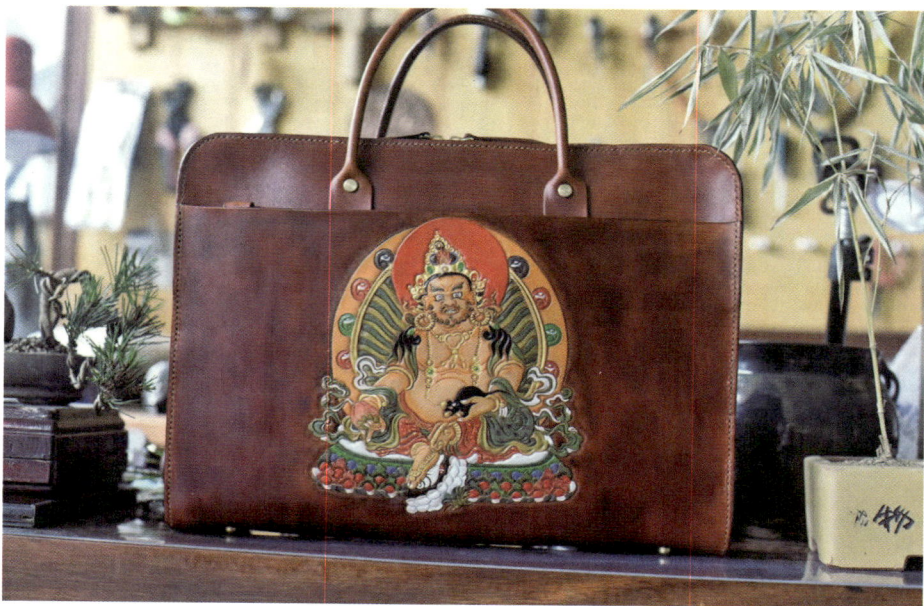

《黄财神公文包》 李鲁鹏

料潮软不利于后期雕刻，过少则皮料硬挺，影响铁笔、刻刀使用时的流畅性。当湿润的皮革表面慢慢转变为原皮色时，就可以开始转绘图案了。

3. 利用圆头铁笔将事先准备好的图案纹样进行转绘。在湿润的皮革上进行转绘时，要按照从左至右、从上到下的顺序，先描出外轮廓，再描绘轮廓内的细节部位。圆头铁笔的运用要坚定有力，不可随意扭曲变形，这样才能将图案纹样完美地转绘到皮革表面，描绘过程需时常检查所描绘的图案是否有遗漏。

4. 审视在皮革上所转绘的图案线条，做到图案各部位了然于心，运用旋转刻刀划刻出图案的轮廓线条。使用旋转刻刀时要注意：刀身要与皮面保持垂直，刀刃面向执刀者，刀身则向外倾斜45～60度，根据匠人对于图案的理解进行划刻，切入皮面的深度为皮料厚度的1/2～1/3；与此同时，划刻线条要流畅协调，不能出现断刀、折顿的情况，一次刻划完成最佳。有时双手要一边划刻一边转动皮料，配合图案线条曲度旋转，才能划刻出理想曲线。

5. 利用各种錾刻敲花工具，在皮革表面依照旋转刻刀所划刻的图案轮廓，錾刻出图案的轮廓及立体感的阴阳面，并根据事先设计的图案立体结构，錾刻出图案的背景纹样，表现出图案的浮雕立体效果。

6. 主体制作完成后，利用旋转刻刀划刻装饰线条，将皮雕的细节部分进行再次修饰，使图案更加细腻精致，让皮雕图案更加生动立体。

7. 准备好皮雕图案所需要的颜料。随着这门技艺的不断创新发展，皮雕、皮塑所用的颜料也由原来朱红、漆黑、描金等几种颜色变得更加丰富，染色的方法也变得更加多样，有油染法、糊染法、防染法、水晶染法、干擦法、蜡染法、压克力染等，使得图案栩栩如生，美不胜收。若作品无须上色，则需要经过表面封蜡处理，这样既能保护皮面又可以保持皮料本身的特性。

8. 待皮雕、皮塑作品制作完成，确认皮料表面干净无尘后，使用羊毛球棒蘸取适量皮革光亮剂以画圈方式在皮革表面轻轻擦拭，增加皮革光泽。皮革光亮渗透到皮革后，待自然晾干，会在皮革表面结成一层薄薄的保护膜，有固色、防水、防油污、提亮、保持皮革品质的作用，既提高了皮革的皮质感和光泽度，又很好地保护了皮雕、皮塑作品。

9. 完成作品。利用皮革绝佳的可塑性，使雕刻塑形的作品呈现出立体的浮雕效果，让画面更具视觉冲击感。一件好的皮雕、皮塑作品融入了作者多年来对技艺的理解和对艺术的追求，它不仅能带来视觉上的美感和冲击，同时也利用皮革的特性创意巧思，把皮雕、皮塑技艺展现得淋漓尽致，因此每一件皮雕、皮塑作品都是独一无二的艺术品。

目前，麻姑岛手工皮雕、皮塑技艺第四代传承人李鲁鹏从父辈手中接过了这项传统技艺的接力棒，把所有时间和精力都用在了大量的技艺磨炼和创作中，他的技法精湛，艺术风格多样，作品种类丰富。在题材表现上类型丰富，有具备传统意蕴的精美图案，有栩栩如生、独具个性的动物，还有体现民间文化的现实题材，如海阳大秧歌系列中，丑婆与傻小子这两个人物形象就塑造得极具感染力。在艺术风格上，既融入中国绘画的神韵，又有西方绘画的塑造与光影，有写实、装饰、现代插图等不同风格。在产品形式上，有背包、挎包、钱包、皮鞋、首饰盒、钥匙扣等实用物品，也有挂画、屏风等装饰制品。如今，李鲁鹏也通过不同渠道进行不断学习，他希望用更精进的技艺和不断创新，持续拓展皮雕、皮塑艺术更广阔的发展空间，提升其艺术高度，让更多的人去了解这门古老的传统手艺，让这门手艺在将来能够不断发扬光大！

和圣文刀

伏倩倩　柳森林

文刀，文房中裁纸之刀具也，"以骨为刃，以木为柄，以文兴邦"，通俗地说，文刀就是文房裁纸刀的别称，是文人案头的常设品。自有文字以来，从最早的竹简刻字，修错用的削刀（文刀）与笔就结下了不解之缘，从此也就有了历史上专门以书写文字为职业的"刀笔吏"。因为是文人用具，文刀的发展随着时间的叠加，文化内涵越厚重，制作工艺也融入了更多文化。和圣文刀始于春秋战国时期的和圣柳下惠。柳下惠（公元前720—公元前621），春秋鲁国人，为鲁孝公的儿子公子展之后。根据周礼五世别亲族的规定，五世以后，亲缘绝，不能再姓鲁国公族的姬姓了，遂以其始祖公子展的名为姓，姓展氏，名展禽，又名获，字季。因其家住在鲁国的一个下邑柳下，死后谥曰惠，故又

文刀柄雕刻技艺

称柳下惠。柳下，即今兖州故县村，村内至今仍存有碑刻，题曰：和圣故里。孟子赞其曰："柳下惠，圣之和者也。"和圣即来源于孟子对他的评价。当年和圣柳下惠智退齐师，化干戈为玉帛，免百姓于水火。相传当时柳下惠把建造工程用的一些红木下脚料收纳起来，做成一些"木刀"让乡邻作为一种生活用品使用，但又怕人们拿它作为一种攻击性的武器，于是他就在上面刻上了一些告诫乡邻与人为善的文字，那时文与刀便结缘了，慢慢传承至今。古代读书人讲究"文房不藏钢刃"，和圣文刀有息戈兴文之寓意，其完全采用非金属为原材料，这符合和圣柳下惠"反对战争，积极倡导以文兴邦"思想的传承轨迹，他是"和"文化的一个先驱。

文刀备受历代文人所推崇，成为文房必备品之一。和圣文刀一直在柳氏家族代代传承，很少为外界所知，家族相传柳下惠毕生巨著被秦始皇焚书坑儒付之一炬，只有文刀传世之说。柳门以文立世，文刀亦然。和圣文刀历经千年传承至今，2017年1月，和圣文刀被济南市政府列入市级非物质文化遗产名录。

和圣文刀第一代传承人是柳自然，据其后人说当年柳自然

鹿骨盘龙柄文刀

麂子脚柄文刀

嵌银柄文刀

紫竹根柄文刀

从先祖和圣诞生地济宁兖州，用挑子一头挑着儿子柳佩瑕，一头挑着吃饭挣钱的家当，也就是文刀制作的工具，举家搬迁至泰安房村，数年，又搬迁泰安邱家店居岭庄扎根，在这方土地上繁衍生息至今。其原籍济宁兖州，是儒家文化发祥地，文人众多，文刀是那个年代文人必备文房用品，柳自然落户居岭庄后，以做文刀为生，养家糊口，济宁兖州追寻来此求文刀者络绎不绝，文刀柳自然的名号，影响深远。

第二代传承人柳佩瑕一直陪伴父亲柳自然左右，从事文刀制作，直到柳自然故去，后柳佩瑕子承父业一生以文刀为业。第三代传承人柳均海童年就随父亲柳佩瑕学艺，因文刀生意兴隆，衣食无忧，文刀制作技艺超越前辈，在文刀传承上起到重要作用。第四代传承人柳汉臣，幼年读私塾，四邻八舍，方圆百里，文采出众，15岁随父学习，边做文刀边代写书信诉状（即那个年代的讼师职业）等，与达官贵人、文人墨客交往密切，同时文刀制作水平不断提高，代表作品为嵌银纹饰、雕刻纹饰文刀作品。第五代传承人柳渭清把上代代表作品嵌银纹饰、雕刻纹饰文刀作品进行了品种多元化发展。但到了柳渭清这一代，文刀进入衰退期，由于战乱等历史原因，包括文刀在内的国粹文房用品，都渐渐退出了艺术殿堂。和圣文刀是柳氏家族传承下来的，柳渭清老人深知传承的重要性，加之他本身是当地有名的文化人、书法家，这对和圣文刀的传承起到重要的作用。

第六代传承人柳际臻在继承上代作品的基础上，在文刀制作技艺中研发了以贝壳作为材料的文刀作品。受父亲柳渭清的影响，柳际臻从小学习优秀，求学期间，只要有空闲就帮父亲一起制作文刀，后来一路求学、参加工作，成为领导干部也没有放下祖上传下来的这门手艺。20世纪70年代，他作为援外战士去

小叶紫檀螺钿镶嵌文刀　　　中国最早文刀　漆器镶嵌象牙柄文刀

援助坦桑尼亚，要经过四十几天漫长的轮渡才能到达，在海上的生活给了他创作的灵感，他就地取材，创作了他的代表作——贝壳文刀。他把父辈只是将贝壳用于镶嵌装饰的技艺，发展到用于文刀刀刃，使文刀系列里有了新宠。贝壳文刀不同的角度会有不同的色彩，色有七彩，异彩纷呈。

　　柳森林是和圣文刀第七代代表性传承人，他自幼跟随爷爷柳渭清学习祖上传承下来的文刀制作技艺，后又在父亲柳际臻的点拨下，使文刀艺术在传承基础上有所突破和创新。柳森林精心研究文刀 30 多年，掌握了全部文刀制作工艺，他在先祖传承技艺的基础上，结合现代审美和需求，把文刀分为微雕、雕刻、铸造、镶嵌、漆器等多种技术门类。他的主要贡献是把诸多的刀柄材料与牦牛骨以及其他不同材料的刀刃相结合，再以文刀作为载体，把中华民族绵延几千年的文化在文刀上体现出来。柳森林说，制作不同的文刀需要不同的材质，他经常使用的有木材、竹子、牦牛骨等，工序也不尽相同，一把好的文刀制作一般需要 16 ~ 26 道工序。目前，柳森林制作的和圣文刀已达百余款。现在的文刀蕴含更丰富的文化内涵，将多种文化元素和艺术表现手段融入其中。

柳森林介绍说，文刀的作用一是裁纸，二是翻书，它被称为书刀，也叫翻书杖。文房三把刀，书刀、文刀、茶刀。文人爱书如命，用刀翻书，顺便抚平，看到哪一页就把文刀放在上面，作书签用，便于下次再阅。文刀有三种功能，一种是观赏刀，一种实用刀，还有一种是作为文玩用来把玩的。在文刀制作过程中，选材也非常讲究，比如刀把所用材料是竹子的文刀，竹子有其纹路，如果去磨，很容易将其图案磨掉，所以要注意其中的技术。同时，必须选择直径合适的竹子做文刀把柄。制作刀所用的牦牛骨，首先要煮，还要除异味、进行防腐前期处理等。牦牛骨制作的文刀把玩后，会形成一种自然包浆，这样即使是把刀浸泡到墨里，墨也浸入不到刀里面。文刀与钢刀不同，它不划手，用钝的刀刃去裁纸反而能够把纸拉平。

和圣文刀作为一个文化符号和载体，见证了中华文明发展。

黄羊角柄文刀

木刻刀笔书画

骆淑丽　唐万武

　　木刻刀笔书画是一种以民间木刻技法表现中国书画风韵的手工技艺表现形式，以木为纸，以刀代笔，将传统木刻艺术与书画艺术相结合，融合了书画、木刻、铜刻、石刻等技艺，将笔墨意韵完全以木刻形式表现出来，聚刀锋、木质、笔意、墨韵于一体，集实用、观赏、收藏于一身，尽显中华民间手工文化价值和齐鲁地域文化特色。木刻刀笔书画自1889年开始在刻品上立名，以家传方式传承，至今已经历100多年。2016年3月，木刻刀笔书画被列入山东省第四批省级非物质文化遗产代表性项目名录。

　　木刻刀笔书画源于民间，与木刻版画具相同性，但在制作工艺上，既有别于木刻板画、水印木刻的拓印，又不同于竹木浅平刻的着色。木刻刀笔书画

《尚学书签》 唐万武

《平安竹书签》 唐万武

融合了木刻版画、竹木浅平刻、铜刻及石刻薄意技法之长进行雕刻，借鉴漆画、重彩岩画、国画技法等进行上色，历经选材准备、书画稿设计、勾线描摹、翻板、镌刻、描绘上色、护面装裱等多道工序精制而成。

木刻刀笔书画多采用凹式版型的刻制形式，以阴刻表现手法，浅刀密刻，层层相叠，刻画合一。镌刻技法以传统木刻版画的冲、切、凿、挑、铲、摇、晕等运刀方法为基础，借鉴竹木浅平刻的削、劈、排刀等技法以及石刻薄意技法的敲、剔、复、舞之刀意，独辟晕色渲染、皴擦刻制技法。运刀追求刀笔浑融，无迹可寻。操刀注重心手相应，心法与刀法交融。施刀先立意，既现原作神韵，不爽毫厘，又具镌刻刀痕意趣。刚柔并济，刀法与笔意相聚，刀味与墨韵相融；精妙入微，深则入木三分，浅则细如发丝。

木刻刀笔书画选材非常重要，一般依木料选素材，多以自然随形木料为主，依据木料形状选择书画素材；有时也依据书画素材选择木料，多以规则木料为主；也有复合材料搭配设

《凌波达摩》 唐万武

《书签》 唐万武

《梅花图》 唐万武

竹刻茶则《品茗图》 唐万武

计，同时结合画稿精、细、晕的程度进行。木质较疏松的，刻得粗犷、层次少、欠细微，但易刻、速度快；木质较硬密的，刻得精严、细密、晕层丰富，但不易刻制、速度慢。在雕刻时，还需结合题材，选择木纹趋向、纹色深浅，既要有利于着刀，又要使画面整体色与木纹衬托贴切、相得益彰。选材还需严防变形、开裂。

选材之后就是设计、刻绘等工序。书画稿描绘设计可用纸稿，也可以直接书绘再镌刻，一般采用勾线描摹或翻版的方法。勾线描摹采用拷贝法描摹双勾线来提取原稿图案，翻版多沿用双勾线复写法。画稿复杂部位无论是在书画稿勾线描摹还是在翻版时都要做分解，标以辅助线、太阳线等，以便刻制时着刀。镌刻时，应充分准备，考虑总体，先主体再细部还是先细部再主体可结合实际穿插应用，兼及浓淡、深浅、层次，可层层叠刻，既要突出刀的表现，又要着重表现画的笔意、墨

《后羿射日图》 唐万武

《嫦娥奔月》 唐万武

韵，不仅要形之逼真，更要神之意蕴。手绘填色以矿物、丙烯、墨色为主，也可作贴金处理，依据基材、素材不同的表现和要求而定。上色既是再画的过程，又是对刀触、笔意的进一步完善，用以木作画的心境，结合木质特点，沿刀触用笔，画、描、填相结合，切不可平涂，否则既不利于整体，又有损刀意。在颜料选用上，与国画用料大不相同，应选择环保、黏合牢度高、不易褪色、不易变色的矿物色、丙烯画颜料、漆色为主。手绘填色应细心揣摩，精心落笔，大胆挥毫。护面多以蜡和保护漆为主，也可使用无蜡无漆工艺，依据基材、素材和用途而定。镌刻时刀依笔意，以一锋追万毫；上色时笔随刀行，刀笔互融，刻绘合一。

木刻刀笔书画是一项优秀民间手工竹木刻技艺，随着科技的进步与发展，电脑机械加工的普及应用，民间手工技艺从业者日渐减少，许多民间优秀传统手工技艺面临失传，对它们进行挖掘、整理、传承和保护迫在眉睫。木刻刀笔书画第五代传人唐万武创办了木人堂木艺有限公司，长期从事木刻刀笔书画的创作、生产、展示、销售、交流以及传承保护等工作，旨在多元性、吸收性、综合性发展竹木刻艺术，传承保护木刻刀笔书画核心技艺，探寻传统竹木刻手工技艺与当代文创产品的融合，推动技艺的创新性发展。2017 年，木人堂木艺有限公司获得省级非遗生产性保护示范基地和德州市文化产业示范基地称号，目前已形成竹木刻文房用品、竹木刻书签、竹刻茶道用品、竹木刻扇艺、竹刻香道用品、竹木刻文玩把件、竹木刻摆件、竹木刻挂件和木刻匾额楹联等 9 大类产品。

木刻刀笔书画以其独特的民间手工技艺和韵味，融合众技之长于一身，成为传统手工艺术奇葩。经过当代从业者的不懈努力，木刻刀笔书画技艺不断创新发展，并融入可感知的日常生活中，展示出这项传统工艺新的生命力。

《高士图》 唐万武

肥城桃木雕刻

骆淑丽　王来新

　　桃木在我国古代被称为"神木"，在我国传统文化中有平安、吉祥的寓意，自古就有消灾辟邪之说，被人们视为平安、吉祥、长寿的象征，在我国民间文学和信仰上占有极其重要的位置，是中国吉祥文化的重要组成部分。以桃木为载体雕刻而成的工艺品被赋予镇宅、纳福、辟邪、招财等吉祥寓意，常被制成木剑或各种精美吉祥饰物、器具，或佩于身，或置于室，或摆于案……桃木雕刻工艺也就应运而生。

　　肥城的桃木雕刻技艺，最初起源于公元前26世纪的桃符制作，到了隋唐时期，开始出现了桃木制作行当，至宋代时，得到了更为广泛的发展，至明清，进入鼎盛时期，形成了完整成熟的雕刻技法和独特的艺术风格。肥城在1100多年前就在种植桃

《文昌笔》 孟慧

《一梳百顺摆件》 孟慧

《禅音香插》 孟慧

树，在长期的传承和发展过程中，肥城桃木雕刻形成了独特的民俗文化、考究的加工工艺和鲜明的艺术特征。早在 2006 年，肥城桃木雕刻民俗便因其悠久的历史文化和千年的薪火传承被列入首批山东省省级非物质文化遗产代表性项目名录。2021 年 11 月，肥城桃木雕刻被列入第五批山东省非物质文化遗产代表性项目名录扩展项目名录。

肥城桃木雕刻工艺品题材丰富多样，多以神话传说、民间谚语为题材，包含历史人物、吉祥动植物、民间传说、神话故事等多种类型。通过比拟、双关、谐音、象征等手法，创造出图形与吉祥寓意完美结合的雕刻艺术形式，寄托了人们向往平安、幸福、吉祥、顺利、长寿、恩爱等积极向上的生活信念，成为人们重要节庆活动中不可或缺的吉祥之物。

肥城桃木雕刻系手工加工工艺，多为作坊式生产方式，技艺为历代匠人口传手授，经雕刻、修光、打磨、抛光、上漆等多道工序精制而成。桃木中含有丰富的氨基酸，其易开裂、变

《龙凤呈祥如意》 王来新　　　　　　　　《九龙献宝》 王来新

《花开富贵》 王来新

形、虫蛀等弊端也使得桃木雕刻发展受到很大的限制，直到1999 年，桃木雕刻传承人王来新开创了"桃木炖煮除胶法"才彻底解决了这些问题。自此，桃木雕刻产品具备了加工工艺复杂和不开裂、不褪色、不变形、无异味等特点。肥城桃木雕刻工艺品木质温润华丽、色泽古朴典雅、线条自然流畅、造型精美细腻，主要有桃木剑、桃木如意、桃印、桃符、桃木梳、桃木摆件及各种桃木小饰品等。

肥城桃木雕刻以肥城境内独有的佛桃木为原材料，木体清香、色泽金黄。传统的桃木雕刻工艺品都是以着无色亮光漆为主，能够较完整地显现出桃木的本色和木纹质地。但这种装饰手段比较单一，使得桃木工艺品在着色方面受到了一定的局限。肥城桃木雕刻传承人王来新在雕刻技艺上大胆创新，借鉴景泰蓝的掐丝技术，发明了掐丝珐琅桃木工艺。他以彩砂画代替了景泰蓝点蓝工艺，省去了制坯、锤凿、烧制、磨光等

《 掐丝珐琅稳如泰山 》 王来新

环节，研制出了适合桃木质地的掐丝和点蓝等工艺，增强了传统桃木工艺品的表现力，且使它们图案固定牢固，线条精细流畅，立体感丰富，色彩艳丽，强度高，不脱砂，不褪色，可长期保存。掐丝珐琅桃木工艺综合运用木雕和掐丝珐琅在桃木雕刻装饰方面的优势，以彩砂画工艺替代景泰蓝点蓝工艺，在制作的过程中融入了低碳环保理念，简化了工艺流程，是一种集艺术欣赏、收藏价值于一体的新型木雕艺术创作形式。

肥城桃木雕刻工艺品有着丰富的文化内涵，具有强烈的民俗色彩，是被人们赋予了太多想象和意愿的吉祥产品，寄托了人们的美好生活愿景。随着多年的发展，桃木雕刻技术越来越成熟，产品种类也越来越丰富，桃木雕刻产品也由民俗手工工艺品发展成为当地旅游主打商品。目前，肥城市桃木雕刻产业完成了从普通小作坊到中型作坊，再到手工与机械化结合生产的现代企业的转型，生产规模不断扩大。肥城桃木雕刻工艺

《万事如意大如意》 宁方如

品也由最初的桃核和桃木小挂件，逐步发展到桃木剑、桃木如意、桃木挂盘、桃木挂件等，包括赏玩、生活、办公等在内的 20 多个系列 3000 多个品种的吉祥文化产品。

肥城桃木雕刻工艺品，真正成了肥城的一张城市名片。

郎庄面塑 骆淑丽　曲玉双

郎庄面塑俗称"面老虎"，是流行于山东省冠县郎庄的一种传统食用塑作艺术。郎庄面塑起源于明代洪武年间，与其他地区的面塑相比，其制作工艺比较独特。郎庄面塑用精麦面粉发面，发好后用捏、揉、粘等方法塑造出各种花样，然后经蒸制、上胶、绘色、晾干而成。郎庄面塑大的约有15厘米，小的只有6厘米，其造型简练夸张，色彩鲜明艳丽，形象栩栩如生，呈现出独特的地域文化美感，被誉为"民间工艺品中的一枝奇葩"。郎庄面塑于2006年12月被列入山东省第一批省级非物质文化遗产名录，2008年6月被列入第二批国家级非物质文化遗产名录。

据郎庄村碑记载，明代洪武年间有郎姓兄弟从山西迁徙至此，以姓立村，名为"郎庄"。后因

"郎"字与"狼"同音，寓意凶险，有巧手村民捏制"面老虎"以制"狼"克邪，祈求平安。后经不断发展完善，郎庄人从单纯捏"面老虎"逐渐发展到捏飞禽走兽、瓜果梨桃、戏曲人物等，从技术上也解决了蒸熟变形、干后开裂、受潮发霉等一系列难题，使捏制"面老虎"这项技艺成为当地特有的面塑艺术。

郎庄面塑以精制面粉为主要材料，再加少许红颜料或黄颜料，加水和好，反复揉匀，使其硬度稍高于做馒头的面团，然后将面团揉搓成条状，切成段，条的粗细、段的长短根据要捏的作品大小而定。艺人们根据需要捏出作品的基本形状，用细面条、薄面片粘贴出造型，用竹签戳画眼睛，用小梳子轧出纹路，用剪刀剪出翎毛、手指等。锅中加水，加热至 30℃ 左右，

《八仙过海》 曲玉双

《哪吒闹海》 郎秀才

《穆桂英》 郎秀才

《沙僧》 郎秀才

《 年年有余 》 郎文合　　　　　　《 福寿双全 》 郎文合

然后把捏好的面塑摆放在特制的笼箅上，上锅，加盖，慢慢发酵，以使面塑变得浑圆饱满，待面塑发酵适度以后，加火蒸熟。蒸熟的面塑晾到皮干不沾手时，用水溶性黄色颜料上一遍底色，再用熬好的水胶在作品表面薄薄涂刷一层，胶干之后，即可开始着色。彩绘好的面塑作品不可暴晒，必须放置阴凉处彻底晾干，以防霉变，便于永久保存。

郎庄面塑作品为半浮雕形式，经过蒸熟"发胖"，显现出一种浑厚的造型美，具有古拙、夸张、简洁、生动的特点，最终呈现出单纯概括、粗犷豪放的形象。郎庄面塑作品大都被压成扁平状，既易于平放和吊挂，又易于晾干。

郎庄面塑在色彩上承袭了民间工艺的五行色观念，使用黄、红、蓝、黑、白5种纯度较高的颜色，蓝色的运用主要是为调配绿色。郎庄面塑对5种颜色的使用是不均等的，它以黄色打底，主要显示红、绿二色，黑色用于局部勾描。与黄色相比，红绿二色更具有民间性，"红红绿绿，图个吉利"是民间工艺常用的艺诀，象征着吉祥、喜庆、热烈和富裕。郎庄面塑着色大胆，色彩丰富艳丽、纯度高，常大面积使用红、黄、绿等色，间以多变的线条，还用少量的钴蓝和白粉作点缀，最后用墨绿线勾勒出人物的须发眉眼，偶尔用金、银色，整体感觉活泼跳跃，绚丽多彩。

历史上的郎庄面塑多以小件、单件为主，如人物、花鸟、虫鱼、瓜果、蔬菜等，随着市场需求逐渐扩大，取材愈发广泛，十二生肖、历史传说、神话故事、戏曲故事等都成为郎庄面塑的表现内容，哪吒闹海、八仙过海、西游记人物、刘海戏金蟾、猪八戒背媳妇、舞狮、金鱼、青蛙、老虎等都是经常出现的题材。有些技艺高超的老艺人，还能根据客户提供的照片、图画即兴塑造出各种花样。

《刘海戏金蟾》 曲玉双

《喜乐多福》 曲玉双

《舞狮》 郎秀才

　　早年间的郎庄面塑带有迷信色彩，有的当作贡品供奉神灵，有的放在家中镇宅，有的制作成十二生肖形象，还有的悬挂在脖子上趋吉避凶，保佑家人平安。随着郎庄面塑的不断发展，其种类愈加丰富多样，兼具供奉、观赏和食用等多种功能。目前，作品涵盖花卉、水果、禽鸟、家畜、走兽、戏曲人物、神话人物等9大系列上百个品种。

　　郎庄面塑的作者主要是当地农民，其创作完全带有自发的性质，他们将眼中所见、心中所想直观地表现出来，作品质朴、率真，没有任何拘泥与做作。作品线条流畅圆润，造型浑圆饱满，表现形神兼备，色彩对比强烈，具有很高的艺术欣赏价值。纵观郎庄面塑作品，其量浩瀚如烟，其形复杂多样，其色五彩缤纷，故而给人以艳丽粗犷、质朴淳厚、稚拙有趣的感觉。

　　郎庄面塑是一种珍贵的、精美的民间工艺品，具有很高的艺术价值。作为鲁西北地区面塑艺术的杰出代表，"面老虎"蕴含的镇宅消灾的观念和题材中所折射出的对生命的讴歌和对幸福吉祥的追求，使郎庄面塑体现出独特丰富的文化内涵，具有重要的历史文化价值。不管时代如何变迁，技法如何开拓创新，郎庄面塑带给我们的文化记忆会代代相传，永不褪色。

古琴斫制 　羊莅新　王国强

古琴是我国古老的弹拨乐器之一。古代推崇"文人四艺"：琴、棋、书、画，其中琴居首位。由于古琴艺术的发展历史悠久，即从上古、中古、近古乃至近现代，在漫长的历史时期中，古琴几乎伴随着中华传统文化发展的始终。

2003 年 11 月 7 日，联合国教科文组织世界遗产委员会宣布，中国古琴被列入世界非物质文化遗产名录。2006 年，古琴被列入国家级非物质文化遗产名录。

在我国历史上有关古琴的文献记载最早见于《诗经》。例如《周南·关雎》里的"窈窕淑女，琴瑟友之"，《小雅·鹿鸣》里的"我有嘉宾，鼓瑟鼓琴"，《郑风·女曰鸡鸣》里的"琴瑟在御，莫不静好"。由此不难获知，古人在琴材选择上的精致与考究。时至今日，面板桐木、底板梓木仍然是最佳材料。

古琴的制作过程称为"斫琴"。《辞源》中作出这样的解释："斫：劈，用刀斧砍。"这里指的是用刀斧来砍削木头，是开始制作古琴的第一个动作。另外，关于古琴是由谁发明创造的，《尚书》《尔雅》《世本》《史记》《说文解字》等著作皆有不同的记载。其中，流传较广的是《世本》中记载的"伏羲氏削桐为琴，面圆法天，底平象地，龙池八寸通八风，凤池四寸象四时，五弦象五行，长七尺二寸"。此外，《礼记·乐记》中载有："昔者舜作五弦之琴，以歌《南风》始制乐，夔始制乐，以赏诸侯。"虽多是传说，或许古琴真的在历史长河中与我们泉城有着渊源。2016 年，诸城派古琴斫琴技艺经山东省人民政府批准列入山东省省级非物质文化遗产名录，成为该市第五个省级非遗项目。在山东诸城，古琴斫制历史悠久，到了清

制琴工具

《古琴》 羊苃新

《古琴》 羊苕新

中期，随着诸城地区的繁荣发展，当地出现了王既甫、王冷泉、王心源、王心葵、王宾鲁等著名琴家。他们不仅弹奏技艺高超，还是冠绝一时的优秀斫琴师，他们这代人使诸城斫琴达到了前所未有的高度。

古琴按照功能划分是一件乐器，按照制作工艺划分是木胎漆器。关于古琴的结构，蔡邕在《琴操》中有着这样翔实的描述："琴长三尺六寸六分，象三百六十日也；广六寸，象六合也。文上曰池，下曰岩。池，水也，言其平。下曰滨，滨，宾也，言其服也。前广后狭，象尊卑也。上圆下方，法天地也。"古琴各个部件的命名，例如岳山、龙池、凤沼、天柱、地柱等，有山有水，有天有地，有龙有凤，其背后所蕴含的天地万物，使今时的我们深刻感受到了古琴文化蕴意的辽阔高远。

古琴样式繁多，清初《五知斋琴谱》所记载的古琴样式多达 50 余种。另外，当代的斫琴师们也在不断创造出新的琴式。

传统斫制古琴的方法，主要分为琴材选择、木胎制作、灰胎制作、漆面制作、配件安装、上弦调试等步骤。上百道工序的完成需耗时大约一年半到两年的时间。

制作古琴的第一步选材是至关重要的。相传伏羲氏制琴时对于材料的选择格外讲究，当他看到凤凰落至梧桐树上时，便认为梧桐是极优良的木材。他特意择三丈三尺高的梧桐，截成三段以示天地人三才，然后通过敲击木料侧耳倾听择出其中声音清浊相当、材质轻重适宜的。再将择好的木料置于流水中浸泡数十天，取出阴干数年。待木材干透木性稳定后，才开始制作古琴。

按照古老的传统说法，一张好琴须具备"九德"，即"奇、古、透、静、润、圆、清、匀、芳"。因此在实际斫琴过程中，斫琴师傅得经过反复观察其纹理疏密，通过敲击的方式获知声音是内敛还是外放，从而知晓一块木材适合制成何种音色类型，通过音色类型结合木材实际尺寸，从而进一步确定采用何种古琴样式。

制作木胎时须将木材刨平并静置阴干一个月以上，根据选定的琴式画好轮廓并标记好各个细节位置，之后修出外形轮

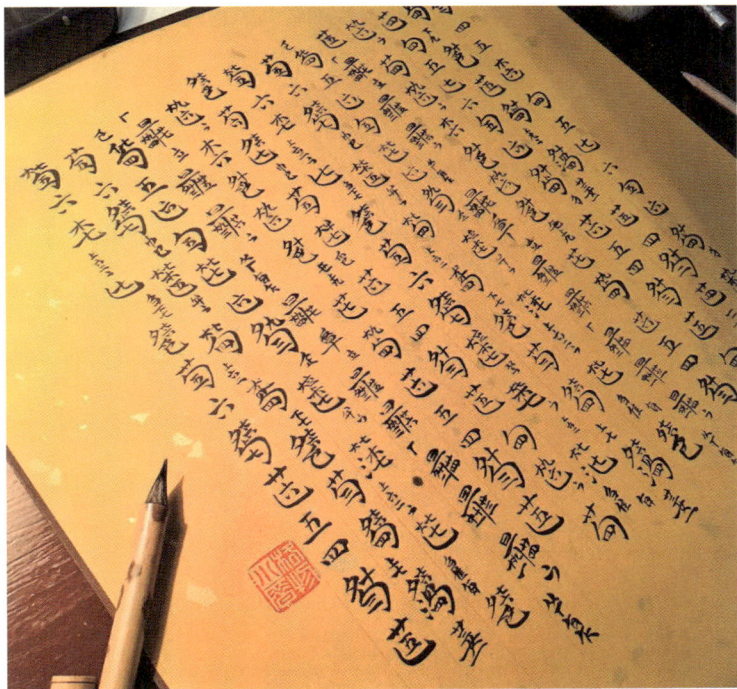

《琴谱》 王国强

廓，放置一月以上后再次修整，以此类推。这样做的目的在于消除面板木材的应力。

灰胎制作最终决定琴的音色类型，故而也是极重要的一个环节。使用大漆和鹿角霜调和而成的灰胎，不仅对琴面起到了保护作用，使其历经数十年乃至数百年而不坏，而且对琴的音色也起到了修饰作用。

漆面制作的要求相比之下要更为繁多，首先琴面须光滑流畅，使演奏时手感舒适如行云流水，其次琴面须坚固耐磨、经久耐用，另外还须对琴的外观起到修饰作用。仅仅面漆的处理，就有多种工艺，如一色髹涂、变涂、雕填、镶嵌等。最后配以岳山、冠角、雁足、琴轸最终制成一件完美的漆器艺术品。

传统斫琴工艺强调纯手工完成，尽量避免使用现代电动工具，避免对木材纤维等造成破坏。斫琴师王国强在多年的斫琴工作中，摸索出一套自己的理论见解，他不排斥优良的现代工艺技术，但是强调要使用有度，只为提高效率，增加精度，而不是图省事。比如对于古琴木胎的干燥程度、琴体发声的震动频率、徽位的精确定位等，他都引入了专业的测量仪器，从而形成数字化管理，使得整个制作过程既保留了传统的技艺精髓，又提升了古琴的品质。

斫琴作为一门古老的技艺，制作时间漫长，制作步骤繁多，制作过程细腻，这似乎远离了当今快节奏的时代。但如今，我们仍有一些优秀的斫琴师在努力让古老的技艺融入现代生活，他们不仅设计制作出了符合现代人审美和生活需求的文创衍生品，而且将新生力量注入传统工艺，使斫琴这门传统工艺在充满活力的同时，继续发扬着它无可取代的魅力。

博山窑陶瓷刻绘

羊莅新　王晓涵

博山是山东省中部的文化重镇，也是中国五大瓷都之一。陶瓷文化历史悠久，底蕴深厚。历史上博山地扼南北要冲，交通便利，具备陶瓷生产所需的三大自然条件：瓷土、燃料和交通。当地蕴藏着多种丰富的原料，烧制出了博山特有的玉瓷。在玉瓷上运用雕刻、绘画等多种材料及工艺进行装饰，便形成了博山窑陶瓷刻绘的独门绝技。2016 年 3 月，博山窑陶瓷刻绘被列入山东省第四批省级非物质文化遗产代表性项目名录。

博山地区制陶历史悠久，约在 8000 年前的后李文化时期便有着极具特色的制陶技艺，宋、金时期，博山陶瓷业逐渐进入鼎盛时期，博山陶瓷业的不断发展为博山窑陶瓷刻绘技艺的出现打下了坚实基础。

《苍山叠翠》 范家祥

《春华图》 王晓涵

《秋实图》 王晓涵

《素年锦时》 王晓涵

　　博山窑陶瓷刻绘的传统制作步骤分为：塑造坯体、雕刻、印坯、修坯、干燥、彩绘、施釉及多次烧制。装饰方法逐渐形成了线刻、浮雕、捏塑、贴塑、彩绘相结合的综合技艺。

　　博山历代陶瓷刻绘技艺大都是以师带徒进行传授的。清代山头人王宗参同其弟王宗骞一起经营陶瓷作坊，研究博山窑陶瓷刻绘的技艺融合。王宗参的研究打破了单一的陶瓷装饰方法，他利用雕刻和彩绘相结合，釉上彩和釉下彩相结合，经多次烧成及试验，制作出既有层次丰富的立体效果，又有斑斓色彩及精细质感的博山窑陶瓷刻绘艺术品。1866 年，王宗参之子王殿伦将这一工艺继续研究、丰富，后经全面掌握陶瓷颜料酸裂解等核心工艺技术的王萃泰、王同泰兄弟，擅长铜板印花和雕刻颜料配制的博山窑陶瓷刻绘第四代传人王建安以及擅长陶瓷成型和烧成的王增安的传承和发展，博山窑陶瓷刻绘有了较为成熟的技艺标准以及艺术风格。后来，博山地区成立合作社，在工业化生产的浪潮中，此项技艺逐渐处于濒危状态。2014 年，王延珠等人组织成立淄博依山堂玉瓷厂，重新对博山窑陶瓷刻绘技艺加以保护，使此项技艺的技术骨干人员免于流失。经过多年的努力，博山陶瓷刻绘技艺得以发展和振兴。

博山窑陶瓷刻绘的第五代传承人王延珠为了恢复生产博山窑陶瓷刻绘艺术，遍访身怀绝技的博山陶瓷老艺人，成功地复原了完整的博山窑陶瓷刻绘技艺并运用现代化设备大力发展博山窑陶瓷刻绘技艺，有效地提高了产品的种类形态及质量。而今，在老艺人的培养下，新一代博山窑陶瓷刻绘手艺人也逐渐掌握了博山窑陶瓷刻绘技艺并创作了众多优秀的作品。

王晓涵在创作

《秋趣》 王晓涵

《怡然自得》 王晓涵

《醉春风》 王晓涵

《虎》 王晓涵

博山窑陶瓷刻绘作品瓷质细腻，画面色彩丰富，有立体感。纹样秉承中国传统文化的精髓，融合中国书法及绘画的审美意趣，多表现贤达义士、崇文尚德的历史题材，山水、花鸟则取其寓意，展现对美好生活的向往。创作中通过点、线、面的表现手法，将雕塑、瓷刻、彩绘等不同的工艺相互交融，尽显高超的制作技艺。每一件博山陶瓷刻绘作品都凝聚了创作者的匠心，都有着独特的艺术魅力，它们也将在不断的传承与发展中，获得永不衰竭的艺术生命。

《春风》 王晓涵

济南微雕 周 宇 王天明

　　微雕艺术是传统工艺美术品种中最为精细微小的一种，因被雕刻物件面积极小而名"微"，可在米粒大小的象牙片、竹片或仅毫米的头发丝上进行雕刻，微雕作品要用放大镜或显微镜方能看清镂刻的内容，故被称为"绝技"。微雕艺术是集中国文化精华于一体的袖珍艺术品，是雕刻技法的一门分支。微雕施工面积极小，没有相当高的微观雕刻技艺和书法功底以及熟练运用微雕工具的技能是难以完成的，且刻作时要屏息静气，神思集中，一丝不苟。

　　中国微雕历史源远流长。早在殷商时期的甲骨文中，就出现了微型雕刻。战国时的玺印小如累黍，印文却有朱白之分。魏学洢的《核舟记》，也是中国历史上微雕艺术的经典之作。近代微雕大师于硕，与吴南愚有"南于北吴"之誉，于硕于金石书画之

微雕作品

《赤壁怀古》

微雕作品

外，精于微雕，1915 年其作品《赤壁夜游》曾获巴拿马万国博览会金奖。

早期受观看和雕刻设备的限制，微观雕刻较少，随着时代的进步和科技的发展，能够用于观看更微小物体的仪器和极精细又坚韧的工具出现了，致使微雕作品越来越小，雕刻难度也越来越大。

微雕有雕和刻两种形式，雕指圆雕、浮雕等阳雕，刻指阴雕，一个偏重空间艺术，一个讲究平面艺术，历史上把这两种艺术形式统称为中国的微雕艺术。微雕因精细，对材质要求很高，核、骨、象牙、竹等都是很好的微雕材料。微刻是以刀代笔，绘画写字，不但有刻还有设色，讲究绘画艺术；圆雕、浮雕、透雕讲究雕塑艺术，不同的只是微小而已。微雕既是微观艺术，也是书画艺术、雕刻艺术。

济南微雕在吸取全国微雕艺术之长的基础上，结合本土文化形成了独具济南特色的微雕风格，在精致中不失大气，典雅中透着现代气息，现为山东省省级非物质文化遗产代表性项目。济南微雕省级代表性传承人王天明，出生于上海，自幼喜诗书，好丹青。他下过乡，务过农，在青岛的养马场当过农民，之后到沂蒙山的一个军工厂当钳工，还参加了工厂的文艺宣传队。1975 年，王天明被调到济南的教学仪器厂工作。在此期间，他未曾撂下"笔杆子"。见他出身理科，学过修表，热爱文艺，身边的朋友便推荐他尝试做微雕，没承想，这一试就一发不可收拾。

出于对微雕的热爱，王天明翻阅大量书籍研究微雕。然而，纸上得来终觉浅，于是，他慕名探访，求教于著名微雕艺术家、山东工艺美术研究所的高级工艺美术师杨瑞生。

"当时的杨老师已经七八十岁了，因为得了青光眼不再创作，也不愿意收学生，就送了我一个字——练。"王天明诚恳道。虽说杨老师只教了他一个字，但在他心中已认其为"一字之师"。

一个"练"字，让王天明反复忖度。从蝇头小楷的习练，到把字写成芝麻大小，他勤练数年；从一种材质上的雕刻，到不同器物上的微雕，他苦练数载。"微雕是门感觉的学问，我做微雕时不需要使用任何放大工具，全凭肉眼和感觉完成，靠

济南微雕作品《贝多芬 G 大调小步舞曲》

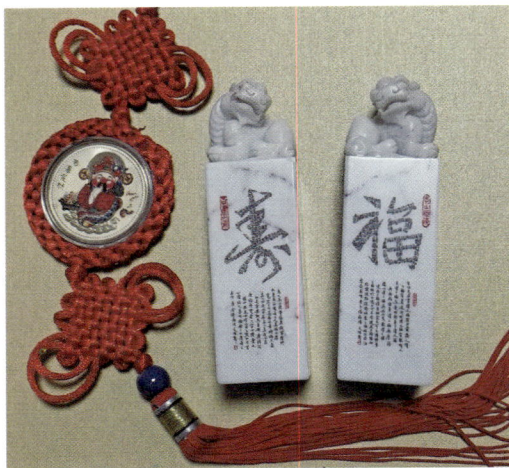

微雕作品

的就是日复一日练习获得的手感。"王天明称，刀子一上去就要起粉末，粉末的面积要超过我们字的面积好几倍，他实际上就是凭手在粉末里面找感觉。在若干年的身体力行中，王天明悟出了字中深意，"老师让我练，一是持之以恒练书法，二是刻苦钻研练微雕，三是修身养性练心性"。

渐渐地，钻研微雕数十载的王天明在微雕领域颇有建树，因其佳作形微意宏，巧夺天工，艺术精品不胜枚举，每年受邀参展无数。他曾尝试以中、英、法、德、日文为文书载体，并将《贝多芬 G 大调小步舞曲》的小提琴曲谱雕刻于玉石之上，创作出了许多非凡妙作。"这些年我出访多地，也常常在大家的手机后壳上创作微雕，受到了世界各地人民的欢迎。"

在众多微雕精品中，集微书、微画、微型工艺于一体的《三绝酒具》令人交口称誉。全套含一壶、四杯、一托，共 6 件，总重 2.6 克。壶嘴与壶腔打通，配以壶盖。壶壁上刻着李白的《将进酒》，托盘上的《月下独酌》与画作相呼应，杯身上还赋刻酒诗一联，300 多字点缀着这套由巴林玉制成的酒具。

阿富汗玉平安扣，直径 22 厘米，
刻孔子行教像及论语 1000 言

阿富汗玉平安扣，直径 22 厘米，
刻老子出关图及道德经 1000 言

微雕作品

更值一提的是，全套作品与一元硬币摆放在一起，大小相近，方见精巧。王天明坦言，这套作品精小细微，玲珑剔透，壶嘴用 0.3 毫米钻头手工打通，难度极大，耗时一年才精制而成。

最令人叹为观止的当属发丝微雕，在一根白发上刻下 8 个字，甚至还有落款和印章，用 100 倍的放大镜才能看到。"发雕需要选用青壮年比较坚韧的白发，把头发的弧面处理成平面，用特殊的技法雕刻而成。"王天明感叹，实际刻字时长不过一分钟，但却钻研了数十年，"微雕作品成功率低，发雕更是如此，100 多根头发里我只刻成两根，有一根在参展时不慎丢失，现在只保存了这一根"。

如今的王天明广传艺，精收徒，连自己的学生也小有成就。坚韧的精神品格、丰富的人生阅历，铸就了一件件微雕佳作，也成就了王天明的艺术人生。

淄博陶瓷釉烧制技艺（博山鲁花釉制作技艺）

王庆玲

　　中国的花釉种类繁多，其大多是在历代艺匠们的日常劳作与生活需求以及在工艺材料的运用过程中产生的某种偶然和巧遇。花釉是陶瓷中的一大创新，因为它是在高温窑炉内烧制过程中，自然地产生复杂多变的颜色和生动美妙的流纹，故又被称为"窑变花釉"。古代的陶瓷花釉多用在装饰器皿上，随着现代科技文化的发展，花釉的应用打破了过去花釉装饰的局限性，其应用范围不断扩大。根据花釉特殊的装饰艺术效果，其在艺术陶瓷上以及装饰壁画上得到了广泛的应用和突破。

　　山东淄博的花釉起源于宋代博山大街一带窑场。博山地处山东省中部，有着得天独厚的良好陶

《静思》 张道勇 高静

《璀璨》 张道勇 高静

《风韵》 张道勇

土资源，陶瓷文化底蕴深厚，历史悠久，被誉为中国五大瓷都之一。受大汶口文化的影响，鲁花釉由简单到复杂，在漫长的历史长河中不断得到发展和完善。作为中国北方陶瓷文化的代表，陶瓷技师们充分利用博山地区蕴藏的各种陶瓷原料和煤炭资源，并依托历史上雨点釉、茶叶末釉等窑变釉的基础，不断实践摸索，历经多年试验，逐步完善各种釉料配方，烧制出博山特有的花釉陶瓷，呈现了博山特有的独门绝技和陶瓷装饰艺术特色。

近代以来，博山的花釉有了更大的发展。1948 年 3 月，淄博解放，陶瓷工业从此走向新生。1952 年，博山窑业总厂成立。1960 年，淄博美术陶瓷厂正式成立，一大批陶瓷老艺人焕发青春，鲁花釉也迎来了新的发展机遇，一些历史上失传和即将失传的陶瓷釉色相继恢复。如侯相会老艺人恢复了被日本称之为"天目"的雨点釉，陈怀慈等老艺人先后恢复了孔雀翠、云霞釉、茄均釉、黄花釉等，促使博山陶瓷釉色发展到鼎盛时期。

20 世纪 80 年代，鲁花釉又推出了与美术、壁画等艺术形式相结合，运用堆积、立粉等技法的创新表现形式。尤其要提及的是朱一圭先生对鲁花釉作出的巨大贡献。在朱一圭先生和当地研究机构的共同努力下，他们成功复原了黑陶技术和雨点釉、兔毫釉等釉彩。近些年，鲁花釉又创新了许多新的釉色，如中国红、宝石蓝、帝王黄、玫瑰红、果绿等，其色彩鲜明，颜色亮丽夺目，尤其是中国红的红色釉，烧成后的釉面色彩极为瑰丽，红似骄阳，灿若火焰。

朱一圭先生创作的富有博山特色的"竹鸡"陶盘，将立粉法与水墨画的写意之感相结合，呈现出别具一格的装饰风格。动静结合、颜色间的相互叠加晕染和渗透熔融，虽寥寥数笔，

壁画《春》 阎玲

壁画《夏》 阎玲

壁画《秋》 阎玲

壁画《冬》 阎玲

《猫头挂盘》 阎玲

《竹鸡》 朱一圭

却精彩十足。细节处用立粉法，传神点睛，完美地展现出作品的灵魂。朱一圭先生研制出的立粉画法，装饰风格独树一帜，用色鲜明，稳重大方，图案绘制有形有意，精到传神。

鲁花釉是在黑色系釉的基础上逐渐发展而成的一种多色的装饰艺术釉，主要是以黑色的乌金底釉为主，再辅以其他色釉和流动釉，经过高温烧成，达到窑变的一系列品种，釉色多达60余种。运用多变的釉色搭配，烧成后的釉面呈现出色彩丰富、斑斓多变的感觉。鲁花釉烧成温度在 1230～1280℃之间，属于中温釉系列。由于在高温熔融阶段釉料会膨胀起泡，冷却过程中底釉和覆盖在上面的釉料烧成时收缩比率不同，从而产生带有颗粒大小不一的黑色点状的釉面肌理，使两种颜色相互交融或多种色彩熔融，从而显现出浸油般光亮的色块或多变的流纹等。

鲁花釉的施釉层数相对多，釉层较厚，先施底釉，再在底釉之上施以颜色釉或流动釉，施釉层数多为两层，也可根据不同的创作需要选择施以多层数。颜色釉和流动釉比如蓝钧、兔毫、白花、茶叶末等，均属于一个范畴，先铺底釉再施以其他颜色釉或流动釉，釉层相对厚重，多为古雅质朴的艺术效果。

手绘花釉瓶系列　尹干

这一釉色系统应用于观赏及日用器皿的釉色装饰，可使其颜色和纹理更加丰富，从而达到一种抽象的装饰性艺术效果。

鲁花釉制作技艺的自身价值在于，经过几代人的努力探索、研究和实践，每一件鲁花釉艺术品都独具匠心，表现完美，并且通过窑变的艺术表现技艺和制作手法，展示了当代鲁花釉艺术高超的制作技艺。鲁花釉曲线柔和，色彩绚丽，形态变化微妙，这些特点赋予了鲁花釉陶瓷器物永恒的艺术生命力，将其

《树影婆娑之一》 尹大中

《树影婆娑之二》 尹大中

《树影婆娑之三》 尹大中

《树影婆娑之四》 尹大中

推向了一个新的高度，成为当代国窑的经典。

鲁花釉的历史价值在于集博山陶瓷传统与发展之大成，传承了中国人对陶瓷的一种敬仰和对工艺的无限追求。鲁花釉艺术是珍贵民间文化的积淀，还是绘画艺术与工艺制作的完美结合，是凤凰涅槃般的火的艺术。鲁花釉制作技艺的文化价值在于它提炼总结了中国历代陶瓷花釉制作的文化和艺术精髓，充分利用了博山陶瓷的资源优势，最大限度地把陶瓷釉色艺术进行了完美的创新和运用，承载了明末清初博山鲁花釉艺术的发展轨迹。

鲁花釉艺术作品既深植于科学之中，又具有艺术感染力，传承了陶瓷制作中成型、装饰和烧成等过程中的配方和工艺，凸显了博山鲁花釉的科学价值。现在，鲁花釉的运用除了保留一定的实用价值外，更多的是以艺术的形式、以更为多样的对象为依托，强烈地触动着观众的视觉神经。鲁花釉艺术品已成为海内外争相珍藏的藏品，这充分证明了鲁花釉艺术是中国陶瓷艺术发展与积累的优秀产物，具有鲜明的文化价值、艺术价值和浓郁的民族特色。

鲁花釉的美温柔自然，是心灵的支撑，是情感的抒发，通过其独特的表现手法和艺术语言呈现给人们以形式美、节奏美、自然美的结合，使人们感受到它的丰富和神奇，给人美妙的艺术享受。鲁花釉独特的装饰风格是对生命的热爱和对美的向往，是自然的礼物，也是中华民族勤劳智慧的结晶。

郯城过门笺　来欣宇

过门笺又被称为"挂门前儿""门吊子""吊千（钱）儿"，是我国传统年节门（窗）楣的吉祥装饰物。挂门笺源于古代的幡胜，从南宋开始，节日里人们把幡胜悬于门前，作为新年吉兆。自清朝开始，幡胜逐步演变为门笺，并沿用至今。从古至今，门笺始终演绎着避虫驱邪纳福求祥的内容，人们在贴门笺的同时，也载满了迎春辞旧、祈福驱邪的良好意愿。

过门笺尤盛于北方，北方尤盛于山东，而在山东则集中流行于临沂、潍坊、枣庄等地，其中，临沂郯城的门笺更是地方特色浓郁。2016 年，郯城过门笺被列入山东省第四批省级非物质文化遗产名录。

郯城有句谚语："过门笺落门笺，落到地上都是钱。"同传统门笺一样，郯城门笺一般也是一门五

郯城门笺第七代传承人

张，寓意"五子登科"并列张贴在门额上。郯城当地老百姓过年一直保持着张贴过门笺的习俗。无论街门还是房门，门门都要张贴。有一种情况例外，即如果家中有人过世，这户人家三年之内什么都不贴，或者只贴紫色门笺以示哀悼。

郯城当地的门笺一般于除夕张贴，一门5张，颜色各异，由大红、水红、绿、黄、蓝5种颜色的纸拼贴组成。1949年前，过门笺多用从徐州买进的毛边纸、宣纸制作，现在多采用产自胜利乡沙窝村的蜡光纸。如将单张门笺作为一幅平面，几种颜色有特定的构成顺序，即"红东、绿西、黄当央"。黄色象征古时的皇帝，红绿二色则象征文武大臣。在民间传统观念中，皇帝要坐在中间，文武大臣分列两侧。从视觉效果上讲，由于色彩对比强烈，显得更加鲜明。张贴时5张门笺也有一定的排列顺序，从左至右依次是大红、二绿、三黄、四水红、五蓝。

郯城门笺始于明末马头镇小马头楼，后传到盛村，盛村一

过门笺系列作品

王姓艺人技艺高超，由于他制作的门笺式样优美，村人纷纷登门拜师学艺，但都被他一一回绝。后有邻村凌姓大户与其联姻，始学得制作门笺的技艺。20世纪30年代，门笺制作工艺传到万高册张家，在艺人张乃苍的印象中，自己七八岁时就开始跟着家人学习制作门笺，十几岁时已能独立制作门笺。

郯城码头镇万高册的寨园村，是名副其实的门笺制作专业村，从每年十月份开始，人们便开始制作门笺，直至春节。生产方式可分为手工和机器两种。手工制作工艺较为简单，制作工具也不复杂，主要制作程序是凿刻、套色、镶嵌、粘贴。由于制作者不同，门笺风格也不同，有的比较精细，有的比较古朴，有的又以挖补套色取胜。

门笺是用五色纸凿贴而成的，村民们将已准备好的五色油光纸（大红、粉红、黄、绿、蓝）剪切成15厘米×20厘米的长方形，每边各留3厘米左右的边框，中间部分用凿子凿掉（当地叫"换腔子"），再把凿掉的部分放在蜡盘上刻成各式各样的新年祝福语和图案。福、禄、寿、喜、财5个字最常用，配上象征吉祥的青松、白鹤、红梅、喜鹊、蝙蝠等，外框

刻板

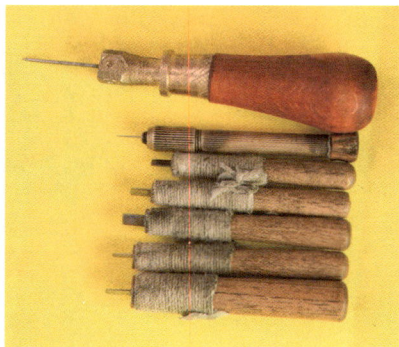

刻刀

不动，内部膛子依次调换，拆开后重新组成搭配。如大红外框配绿膛子，绿色外框配黄膛子，以此类推，由此形成多种颜色的门笺。这就是常说的"套色"。为使之能形成一个整体，且又牢固，门笺的背面各连接部分再用胶纸粘住，以防悬挂张贴时脱落。

20世纪90年代末，有能者发明出制作门笺的机器。较手工挖补门笺而言，机器的出现使门笺制作的效率大为提高，一台机器一天能制造门笺5000多门，给人们带来了更加可观的收入。而手工制作门笺，即使全家人齐上阵，一天也只能制作10多门，制作手工门笺对许多村民来说，变得无利可图，人们在无奈中放弃了这门手艺。现在即使在万高册村，仍然保持手工制作门笺的人家也已屈指可数。

机器门笺的出现对手工门笺的前景发起了严峻的挑战，当地民间艺人张乃苍对此表现出了深深的忧虑。现代文化的浪潮冲击着社会的个个角落，弱势的民间艺术前景并不乐观。值得庆幸的是，像张乃苍一样的艺人更喜欢用手工制作。支撑他们这样走下去的动力，除了对于这一传统艺术的热爱外，他们想得最多的就是如何使之代代传承，生生不息。他注重在传承传统文化内容的基础上进行创新，因此他创作了贴近时代与生活的大量作品。难能可贵的是，现在相关部门已经逐步认识到了这一民间艺术的价值，并进行了卓有成效的抢救行动。

保家仙衣画　刘进潮

　　保家仙衣画是在布帛或纸上彩绘的各位神仙的图像，信仰者将画多悬挂于房屋中进行祭祀供奉。信奉保家仙的家庭，一般都会在每年的腊月换新的仙衣画过新年，所以保家仙衣画又叫保家仙衣年画。张贴保家仙衣年画的过程叫换仙衣、安桌子、安家或者画轴子等。仙衣画用久了就会旧，所以要换新的，就叫换仙衣；安桌子的意思是安放摆着香、烛、果供的桌子；轴子是安在字画的下端便于悬挂或卷起的圆杆，亦指装成卷轴形的画，此处指的也是保家仙衣年画。

　　保家仙衣画是枣庄地区独有民间信仰画，在徐州、临沂等周边地区也产生过极大影响。枣庄地区的保家仙衣年画，起源于清代道光中期，在漫长的历史岁月中发展演变，形成了不同的制作方式和独特的艺术风格。随着民间对寺庙神像、壁画、木板年画信仰及纸马风俗的演变，衍生出保家仙衣画这种民间特殊的艺术表现形式。

在全国其他地区有保家仙和出马仙，但是还没发现存有类似山东枣庄保家仙衣年画的，山东省仅在枣庄市最多，而枣庄市又以山亭分布最多，市中区以北，东至临沂地界线，西至滕州以东，北到水泉南，以山亭镇、徐庄镇居多。目前山亭还有4家画保家仙衣年画，其传承人分别为杨德兰、孙景星、张德侦、刘进潮。

山东的保家仙和出马仙应该是和华北、东北的一脉相承的，但也有所区别。相比于华北、东北地区主要供奉的动物信仰，山东省内的保家仙有不同的特色，枣庄地区的保家仙，则是把佛家、道家、民间诸神、祖仙都纳入保家仙中。另外，枣庄地区把普通百姓所信仰的民间众神也融入保家仙体系中。

山东枣庄地区的保家仙衣年画所绘的保家仙多为佛家、道家、民间诸神。通常按照上下排列，常见尺寸为：150厘米×80厘米、

起线稿

填色

丝网板印刷墨线

200 厘米 ×80 厘米，分一层、二层、三层、四层、五层上下排列。

山东枣庄地区的保家仙衣年画大小形制、布局排列与房屋的大小密切相关。枣庄山亭区多山，石头遍地都是，过去农村的房子都是用石头砌垒的四壁，无论高低都是起脊的，错落有致。房顶有薄石板或者是草顶，普通家庭房屋檐头（屋内地面到屋檐的高度）高 2.5 米左右，配房及锅屋也就 2 米左右高，进出都要猫腰、低头。有钱人家的房子也是用石头砌垒的，一般会请石匠把石头打成四方块，正面用钻头打成点点星星的平面，叫"满天星"，房顶是青砖小瓦，很气派，檐头也就 3 米高。

根据房子的高度，过去一般家里只能贴一张红纸或一块红布，写上保家仙姓名就算是保家仙衣年画了，这样既省钱又不占地方。如今农村都是平房或者两层小楼，屋内檐头最低也有 4 米高，除了吊顶往下也有 3.6 米高，摆一个香案或者桌子也就 1 米高，还剩余空间高度 2.6 米，保家仙衣年画每层是 0.5 米，因此 5 层的保家仙衣年画也能挂下。

由于每家的保家仙要求各不相同，因此画的内容不同，尺寸高度也不同。内容通常都是一、二层相同，三、四、五层不相同，一家一个式样。

保家仙衣画常见布局的为三层：第一层一般画观音、红孩（善财）、秀英（龙女）。第二层一般画泰山奶奶居中，黎山老母、痘疹娘娘、华山老母、送子娘娘、眼光娘娘等。第三层常画保家仙，保家仙常见的是男女两位，也有三位、四位，人物都是保家仙的信仰者自己起的名，如胡贵平、黄秀英、雪宝贵、白玉秀等。据说这些保家仙的姓名多为供奉保家仙的家庭已经逝去的先人名，或者找人算出来的名字，再或者是自己做梦梦到的名字。有的保家仙画类似于中堂画，两边配有对联，有水果对联、八仙对联，八仙对联又分为上、中、下八仙。

具体来说：一幅三层的保家仙衣画，第一层一般常画观音坐莲居中，头顶蓝色巾帼至披肩，红袍裹盖禅定坐于莲花盘

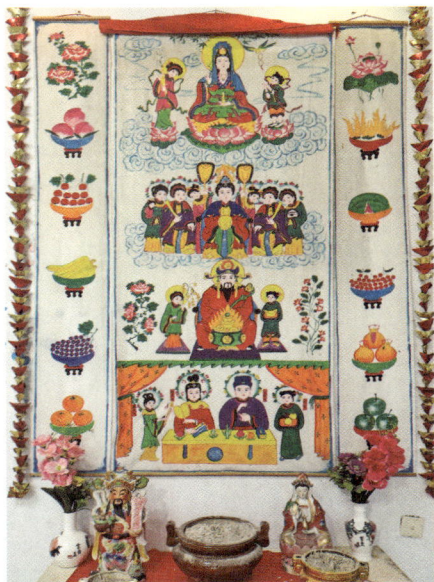

《四层文财神两位保家仙》 刘进潮

《四层武财神三位保家仙》 刘进潮

中，右手持杨柳，手持净瓶。左边善财双手合十，目观鹦鹉含珠，毕恭毕敬站在莲花之中；右侧龙女双手抱着柳枝宝瓶站在莲花之中翩翩而至。第二层常画泰山奶奶居中头戴凤冠，脚穿云头鞋，双手捧笏板，左边分别是打扇侍女、黎山老母、眼光娘娘，右边是打扇侍女、华山老母、送子娘娘。第三层保家仙要根据每家要求，画不同的仙位、数量和性别，且每位仙的年龄不同，穿的衣服颜色不同，手里使的法器不同。

如果是四层的保家仙衣画，一般一、二层版式固定，四层为信仰者各家特有的保家仙，三层一般以财神居多。财神又分为文武财神、画文财神，比干手捧如意、聚宝盆居中，左边是男财童怀抱大元宝，右边是女财童两手抱摇钱树。画武财神，则多画关公居中，身穿绿袍金盔金甲，左手扶膝右手撸五绺长髯，坐于虎皮大椅中，丹凤眼炯炯有神，威风凛凛不怒自威。关公左边是关平，白面方脸，身穿蓝色衣服，手捧大印；右边则是周仓，两臂有千斤之力，胡须粗硬，剑眉环眼，面庞黑中

《钟馗》 刘进潮

《张仙打狗去 娘娘送子来》 刘进潮

透亮，手拿青龙大刀。

由于每家信仰的保家仙不同，画师需根据每家信仰者的要求私人订制。保家仙衣画基本都是前两层形制内容相对比较固定，三、四层不同，一家一个样子。因此不能统一印刷，只能印刷和手工绘画结合，一、二层采用固定的版式，常采用刻线板的方式木版印刷，三层排列的保家仙则因为要求不同，所以都是以手绘为主。

保家仙衣年画的制作原料有：梨木板材，白布，纸张（宣纸、有光纸、粉帘纸、毛边纸等），矿物颜料，石色颜料，广告颜料，丙烯颜料等。工具多样，主要有以下几种：制版器具：锯子、刨子、锉、凿子、大小刻刀等；印刷器具：印床、刷子、盛颜料的盘子、印推、丝网版、刮板等；染色器具：各种大小毛笔。具体工艺流程包括起画稿、刻线板、印线、填色、开脸、走线、点串珠、装裱 8 道工序。

一是起线稿。起线稿就是线画样板，在素描纸上画出底稿，底稿需根据边长 80 厘米 ×50 厘米平面框架内设计定位，人物以中间线左右对称布置，掌握人物的表情、动态和彼此之间的呼应关系，这个过程一定要下功夫，反复调整修改，一旦定稿就长期沿用。

二是刻线版。将定稿的线画拷贝在薄棉纸上。准备质量好的棠梨木或者梨木板，拼接刨平与底稿等大面积。把底稿的反面朝上，用糨糊粘在刨平的木板上，刻出墨线版。好的梨木木质细腻，刻出来线条饱满坚实。遗憾的是，传统木版印刷所用的图谱和雕版基本都毁坏了，现在多用丝网版了。丝网印刷的原理跟蓝印花布的原理类似，不过是线稿的墨线部分留着，其他空白地方涂上特制的胶水，印刷时，刮板推动油墨，线稿的部分会留下墨迹。艺人一般负责绘制线稿，然后交给专门的工厂制作丝网。

三是印线。印线就是用棕刷把墨汁刷到做好的线版上，印在纸或者白布上备用。一定要掌握刷墨的多少，整个流程要平稳熟练，印出的线才能干净利落，没有洇墨或者断线。

四是填色。填色就是根据画面内容用毛笔、颜料画上色彩。上色是有自己传承风格的，大红大绿大黄平涂，颜色不能过线也不能缺少，不能留白。

五是开脸。开脸就是画出人物的五官，脸和手的肉色外轮廓线，这一步很重要，主要体现画者的功夫，因为原来的印线在填色时把五官位置都覆盖了，喜、怒、哀、乐、凶等表情都在这一关。开脸里面最重要的是开眼，一个人物有没有神就在眼睛，开好了就会眉目传神。

六是走线。走线就是把画面原来的墨线重新画一遍，主要突出服饰、飘带纹理的走势和动态，主要讲究用笔熟练度和线条流畅度。

七是串珠。串珠也称联珠，是山亭保家仙衣年画的一大特点，所有领口、袖口、衣襟口、裤腿口都会用黑粗线画边口，然后用白色点上连续的点，黑白相间特别明快。

八是装裱。保家仙衣年画在民间一般都是在素描纸和白布上画，为了便于用户请回家后挂墙上，在画的两端用高粱秸或者木条装裱起来，订上红绳即可，装裱方式较为简单。

保家仙衣画是比较纯粹的民间信仰画，经过长期的传承发展，形成了独特的艺术风格，构图饱满、匀称，色彩保持了枣庄地区民间独有的白底重彩风格，以白色为底子，色彩为原色不调配，对比鲜明，大红大绿大黄非常鲜艳。线条简练而有力，边口一般为黑线用白色点成串珠，同时以象征和寓意的手法表现主题，人物服饰基本为明清时期的，造型生动。

《三层两位保家仙》 刘进潮

　　保家仙衣画这项依托民间信仰的民间艺术植根于民众生活，主要面向的对象是鲁南和苏北地区的广大农民，具有纯粹的民间性、民俗性。其风格质朴自然，与山东境内的泥彩塑和木版年画色彩风格大概一致，保留了木版年画古朴自然的艺术风格。

　　枣庄地区的保家仙衣画在山东民间艺术中占有重要的地位，非常形象地展示出了典型的民族民俗文化，充分体现了枣庄地区的民俗风情和浓郁的民间艺术特色。保家仙衣画是鲁南民俗文化活着的历史，对于年画的研究具有极重要的意义，是研究山东民俗、民风和民间信仰的珍贵资料。

图书在版编目（CIP）数据

非遗之美：山东省非物质文化遗产赏析. 3 / 王传东
主编 . -- 济南：山东教育出版社，2022.12
ISBN 978-7-5701-2426-8

I . ①非… Ⅱ . ①王… Ⅲ . ①非物质文化遗产 - 赏
析 - 山东 Ⅳ . ①G127.52

中国版本图书馆CIP数据核字（2022）第234465号

FEIYI ZHIMEI
SHANDONGSHENG FEIWUZHI WENHUA YICHAN SHANGXI 3

非遗之美
山东省非物质文化遗产赏析 3

王传东 主编

主管单位：山东出版传媒股份有限公司
出版发行：山东教育出版社
地址：济南市市中区二环南路2066号4区1号 邮编：250003
电话：（0531）82092660 网址：www.sjs.com.cn
印 刷：济南龙玺印刷有限公司
版 次：2022年12月第1版
印 次：2022年12月第1次印刷
开 本：710毫米×1000毫米 1/16
印 张：11.25
印 数：1-1000
字 数：132千
定 价：99.00元

（如印装质量有问题，请与印刷厂联系调换）印厂电话：0531-86027518